이야기로 배우는 과학상식

# 1학년이 꼭 읽어야 할 23가지 과학 이야기

글 우리기획  그림 노성빈 외 8명

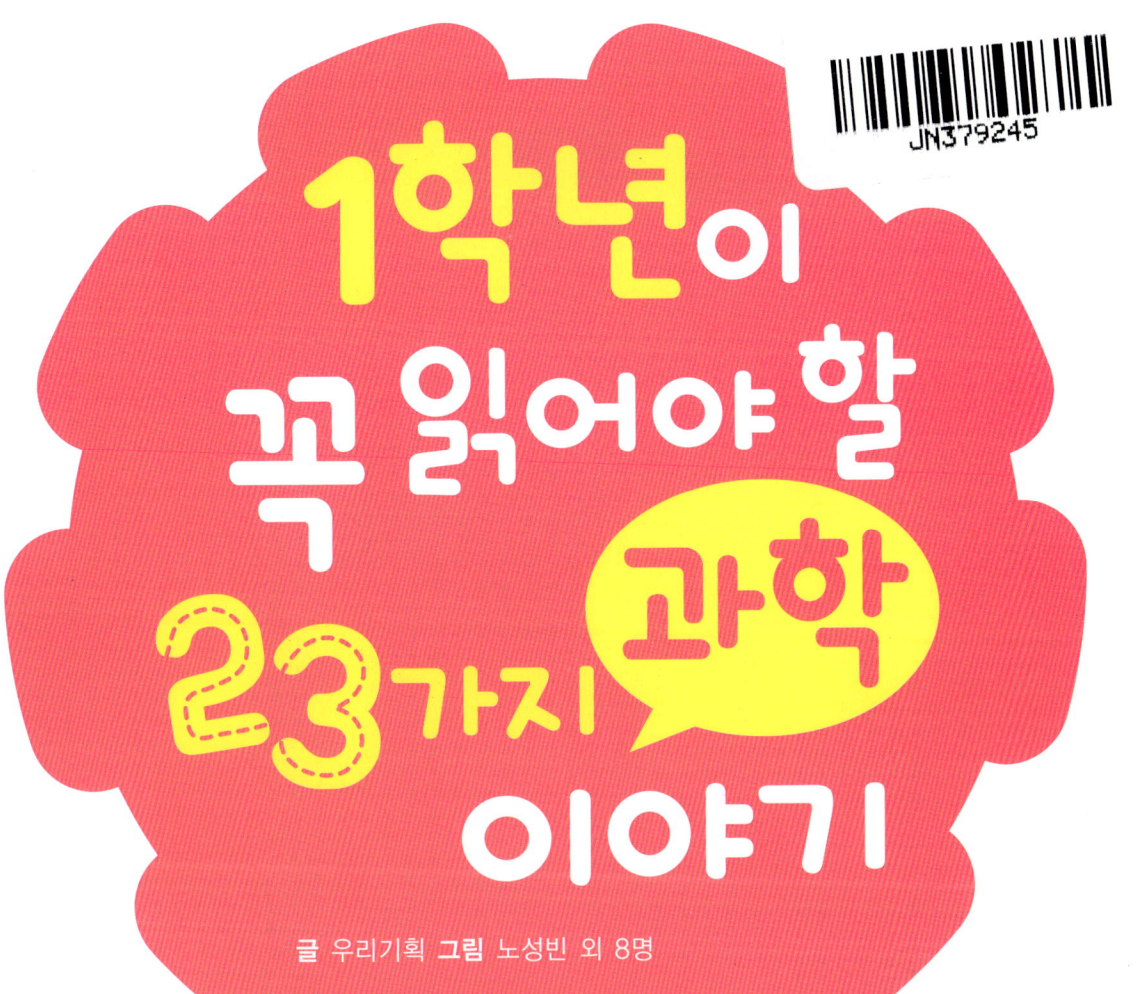

(주)학은미디어

## 과학이 재미있어지는 특별한 이야기들……

친구들 중에는 재미있는 이야기를 해 주면 꼭 이러는 아이가 있어요.
"말도 안 된다, 흥!"
그러다 정말 말 되는 이야기를 해 주면 또 이러지요.
"아유, 재미 없다, 재미 없어!"
교과서에 나오는 과학이 그래요.
분명히 신기하고 흥미로운데 왜 재미 없을까요?
꽉 막힌 교실, 좁고 딱딱한 의자에 앉아서 비슷한 설명만 듣다 보니
과학은 지루할 뿐이라고 생각해서 그런 거예요.
가만히 생각해 보세요.
만약, 탁 트인 푸른 들판에서, 폭신폭신한 풀밭에 누워,
들꽃도 되고, 나비도 되고, 구름도 되어 가며
과학을 배운다면 어떨까요?
정말 유익하고 재미있겠지요.

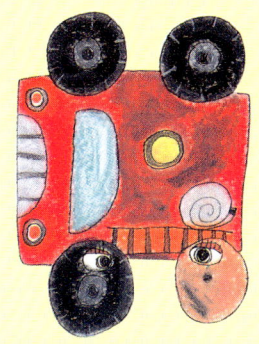

&lt;교과서 과학 이야기&gt;에서는 딱딱하다고 여기는 과학을
깜짝 놀랄 만큼 재미있는 동화로 풀어 썼어요.
개구리의 몸은 왜 미끈거리는지, 과일의 색깔은 왜 모두 다른지,
꼬치꼬치 따지고 설명하지 않아도 동화를 읽다 보면 저절로
알게 되지요.
또, 초등 학교 각 학년에서 꼭 알아야 할 과학을 가려 뽑아
학교 공부에도 큰 도움을 주지요.
새로 바뀐 '슬기로운 생활' 교과서에 맞추어 일반 과학은 물론
사회 생활, 생활 과학까지 충실하게 엮었습니다.
동화도 읽고, 학교 공부도 하고, 게다가 교과서에는 안 나오는 놀
라운 상식에 무지무지하게 웃기는 만화까지……, 이게 바로 돌
멩이 하나로 네 마리 참새를 잡는 일석사조라고요.
민들레와 여왕개미, 물방울 등 깜찍하고 특별한 이야기
주인공들과 함께 신나는 과학 여행을 떠나 보세요.
여러분, 이 책을 재미있게 읽고 다가올 미래에 인류의 과학을
이끌어 가는 큰 사람이 되길 바랄게요.

엮은이 씀

# 차 례

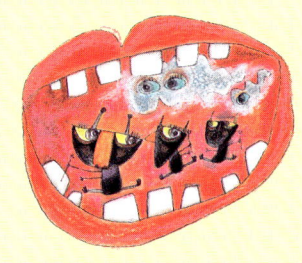

꽃을 피운 민들레 / 8
나비의 눈물 / 18
개미집은 왕궁이래요 / 28
은혜 갚은 막내곰 / 38
못 말리는 딱따구리 / 50
책상은 내 친구 / 60

팔과 다리의 불평 / 70
쪼글쪼글 귓바퀴 / 80
새끼 손톱의 웃음 / 90
충치 세균 치약 용사 / 100
파리와 모기의 싸움 / 108

빼빼 마른 뚱뚱보 / 116
일등 연필 이야기 / 126
우리도 할 수 있어요 / 136
토돌이의 생일 잔치 / 142
아기돼지들의 눈물 / 152
딸꾹질아, 멈춰 다오 / 162

가을 이야기 / 172
날개 달린 씨앗 / 182
혹투성이 겨울 나무 / 192
토순이의 외투 /202
버릇을 고친 다람쥐 / 212
겨울 방학 하는 날 / 222

# 1학년 과학 이야기

꽃을 피운 민들레
나비의 눈물
개미집은 왕궁이래요
은혜 갚은 막내곰
못 말리는 딱따구리
책상은 내 친구

팔과 다리의 불평
쪼글쪼글 귓바퀴
새끼 손톱의 웃음
충치 세균 치약 용사
파리와 모기의 싸움

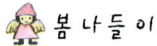 봄 나들이

# 꽃을 피운 민들레

들판으로 날아간 봄바람 아주머니는 개나리와 진달래를 만났습니다.

'아이고, 가엾기도 하지.'

봄바람 아주머니는 겨울 바람에게 잎사귀를 빼앗긴 채 떨고 있는 꽃들이 안타까워 들판을 날아다니며 속삭였습니다.

"애들아, 겨울 바람은 멀리 도망갔어."

봄바람 아주머니의 말을 들은 개나리가 한 쪽 눈을 살짝 뜨며 말했습니다.

"사나운 겨울 바람이 정말 도망갔어요?"

"그렇다니까. 눈을 떠 보면 알잖아."

봄바람 아주머니는 개나리와 진달래의 가지를 어루만져 주었습니다.

"너희들이 눈을 뜨면 예쁜 나비들도 친구 하자고 찾아올 거야."

아주머니는 빙그레 웃으며 개나리와 진달래에게 호호 입김을 불어넣어 주었습니다.

개나리와 진달래는 그제서야 눈을 떴습니다.

"아이, 따뜻해! 어서 꽃부터 피워야겠다."

개나리와 진달래는 잎보다 먼저 꽃을 피우기 시작했습니다.

봄바람 아주머니는 그제서야 마음이 놓였습니다. 그 때 어디선가 말소리가 들려 왔습니다.

"치! 봄바람 아주머니 말만 믿고 잎도 피우지 않은 채 꽃부터 피우다니, 정말 바보들이라니까."

봄바람 아주머니는 소리가 나는 쪽으로 가 보았습니다. 거기에는 여러 개의 잎만 나와 있는 민들레가 있었습니다.

"어머? 민들레였구나. 그런데 너는 왜 꽃은 피우지 않고 잎만 달고 있니?"

봄바람 아주머니의 말을 들은 민들레가 잘난 척을 하며 대답했습니다.

"이제 곧 꽃샘추위가 닥쳐올 거잖아요."

"그건 그래. 하지만 지금까지 꽃을 피우지 않으면 너는 꽃씨도 만들지 못한 채 죽게 될 거야. 곧 여름 바람이 몰려오거든. 그러니 민들레야 어서, 꽃을 피우렴."

봄바람 아주머니는 개나리와 진달래에게처럼 민들레에게도 따뜻한 입김을 불어 주고, 잎사귀도 쓰다듬어 주었습니다. 그제서야 민들레는 마음을 풀고 꽃망울을 맺었습니다.

"이야, 민들레도 이제 꽃을 피우려나 봐."

개나리와 진달래가 좋아하며 말했습니다. 그러나 민들레는 개나리나 진달래처럼 꽃을 활짝 피우지는 않았습니다. 이 모습을 지켜 보던 봄바람 아주머니가 말했습니다.

"민들레야, 나는 가 볼 곳이 많아서 여기에 오래 머물 수가 없단다. 아무튼 꽃을 잘 피우렴. 그럼 얘들아 잘 지내거라."

꽃들에게 손을 흔들며 봄바람 아주머니는 산으로 살랑살랑 날아갔습니다.

며칠 후, 노랑나비 두 마리가 들판에 놀러 왔습니다. 노랑나비들은 하루 종일 개나리와 진달래 곁을 떠날 줄 몰랐습니다. 이 모습을 본 민들레는 샘이 났습니다.

"흥! 이렇게 예쁜 나를 몰라보다니."

이 말을 들은 노랑나비들이 말했습니다.

"민들레, 너는 꽃을 활짝 피우지 않아서 싫어."

"맞아. 우리는 향기와 꿀이 있는 꽃이 좋아."

그 후 며칠이 지나도록 민들레에게는 아무도 찾아와 주지 않았습니다. 너무 심심해진 민들레는 꽃망울을 터뜨리기 시작했습니다. 노란 꽃을 피운 민들레의 모습은 너무 예뻤습니다.

"민들레야, 너 참 예쁘구나!"

개나리와 진달래는 민들레를 좋아했습니다. 그제서야 민들레는 고마운 마음이 들었습니다.

"얘들아, 따뜻하게 대해 줘서 정말 고마워."

그 후 노랑나비들도 활짝 핀 민들레에게 찾아와 재미있게 놀아 주었습니다.

얼마 후 민들레가 걱정했던 것처럼 꽃샘추위가 찾아왔지만 꽃들은 서로를 감싸 주며 추위를 이겨 냈습니다.

그리고 민들레는 흰 갓털이 달린 꽃씨까지 만들어 들판 여기저기로 날려 보냈습니다. 들판의 꽃들은 이런 민들레를 자랑스럽게 생각했습니다. 그리고 서로 사이좋게 잘 살았답니다.

## 궁금증 해결

# 봄에 피는 꽃

봄이 되면 산에 들에 꽃들이 많이 피어요. 날도 따뜻하고 햇빛도 많이 비치기 때문이에요. 봄꽃들 중에는 진달래, 개나리, 목련처럼 잎보다 꽃이 먼저 피는 성질 급한 꽃들이 많아요.

우리 나라 사람들은 오래 전부터 진달래를 많이 먹었어요. 흰떡에 장식을 하기도 했고, 술을 담가 먹거나 그냥 뜯어먹기도 했죠. 하지만 지금은 공기도 많이 오염되었고 농약도 많이 뿌려서 함부로 먹을 수 없어요.

개나리는 꽃잎이 네 갈래로 갈라진 귀여운 꽃이지요. 우리의 조상은 개나리의 열매도 말려서 약을 만드는 재료로 사용했답니다.

민들레와 토끼풀은 씨앗을 많이 퍼뜨리기 때문에 우리 주변에서도 흔히 볼 수 있어요. 민들레와 토끼풀은 하나의 꽃대에 여러 개의 꽃이 모여서 피어요. 얼핏 보기엔 한 송이의 꽃인 것 같지만 사실은 여러 개의 꽃이 한데 모여 있는 것이랍니다.

놀라운 상식 백과

## 민들레도 잠을 잔대요

민들레가 밤이면 잠을 잔다는 얘기를 들어 본 적이 있나요?

이제부터는 민들레를 자세히 살펴보세요. 밤이 되면 민들레가 꽃잎을 얌전히 오므린답니다.

이건 민들레가 밝음과 어두움을 잘 느낀다는 뜻이죠. 밤이 되어 오므린 꽃잎은 낮이 되면 다시 활짝 피어난답니다. 마치 잠에서 깨어 기지개를 켜는 것처럼 말예요.

## 꽃향기의 비밀

꽃에서 나오는 향기는 꽃이 자라면서 만들어 내는 특이한 기름에서 나오는 것이에요.

이 기름은 꽃의 잎과 뿌리, 열매에도 똑같이 들어 있답니다. 그래서 우리는 꽃송이뿐만 아니라 잎이나 뿌리, 열매에서도 꽃향기를 느낄 수가 있지요.

그러면 왜 꽃들은 향기를 가지고 있을까요? 그건 나비나 벌과 같은 곤충들을 부르기 위해서랍니다.

## 왜 계절마다 다른 꽃이 필까요?

　나쁜 마녀가 백설 공주를 죽이려고 하나 봐요. 마술 거울이 가르쳐 준 비법으로 독약을 만들고 있네요.
　"마녀님, 마지막으로 코스모스가 필요합니다요."
　"뭐야? 지금 겨울인데 코스모스가 어디 있어?"
　성질 급한 마녀는 거울을 쾅쾅 때려 주었어요. 사실대로 말한 거울이 무슨 죄가 있다고 말예요.
　도대체 왜 계절마다 다른 꽃이 피는 것일까요? 그건 계절마다 햇빛이 비치는 시간이 다르기 때문이에요.
　어떤 식물은 햇빛을 오래 받아야 꽃을 피우고, 또 어떤 꽃은 햇빛을 적게 받아도 꽃을 피우지요.
　하지만 꽃집에는 사계절의 꽃이 늘 있습니다. 그건 햇빛 받는 시간을 인공적으로 조절했기 때문이에요.
　예를 들어 푹푹 찌는 한여름에 국화를 보고 싶다면 국화꽃에 종이를 덮어 씌우면 돼요.
　여름의 긴 햇빛을 종이로 가려 주면 국화는 가을인 줄 알고 꽃을 활짝 피운답니다.

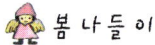 봄 나들이

# 나비의 눈물

올봄에 번데기에서 깨어난 나비는 지금 기분이 좋아요. 태어나서 처음 꽃을 찾아 나서는 길이거든요.

나비는 두근거리는 마음으로 주위를 둘러보았어요. 키 작은 제비꽃도 빨간 장미도 나비에게 손짓을 했어요.

"에이, 제비꽃은 너무 작아. 장미는 너무 콧대가 높게 생겼어. 정말 예쁘고 착하게 생긴 꽃은 어디에 있을까?"

나비는 눈을 동그랗게 뜨고 주변을 살피기 시

작했어요. 그 때 나비의 눈에 들어온 꽃이 있었어요.

그것은 담장 꼭대기에 활짝 피어 있는 노란 호박꽃이었답니다.

호박꽃은 노오란 꽃잎을 흔들며 나비에게 눈짓을 했어요.

나비는 우아하게 날개짓을 하면서 호박꽃으로 다가갔지요.

"안녕하세요? 저는 올봄에 태어난 나비예요."

"어머, 안녕하세요? 저도 이제 막 꽃을 피운 호박꽃이에요."

인사를 나눈 나비는 호박꽃 속으로 쏙 들어갔어요.

그리고는 빨대 같은 입을 내밀어 쪼옥쪽 꿀을 빨아먹었죠.

"당신의 꿀은 달콤하면서도 아주 시원해요."

"자 이제 꿀을 드셨으니 다른 꽃으로 날아가서

꽃가루를 묻혀 오세요."

나비는 고개를 갸우뚱거렸어요.

"나비들은 예쁜 꽃을 찾아서 꿀을 먹고 돌아다니는 것 아닌가요?"

"그래요. 그러면서 이 꽃, 저 꽃에 꽃가루를 옮기는 거죠."

"꽃가루를 왜 옮겨야 하죠?"

"꽃에는 암술과 수술이 있어요. 수술의 꽃가루가 암술 머리에 묻어야 열매를 맺을 수 있죠. 하지만 우리 꽃들은 스스로 움직일 수가 없잖아요. 그래서 나비나 벌들의 도움을 받아 열매를 맺는답니다."

호박꽃이 친절하게 설명을 해 주었지만 나비는 편히 쉴 수 있는 호박꽃이 너무 좋아서 날아가기가 싫어졌어요.

"호박꽃 양, 나는 다른 꽃으로 날아가지 않을 거예요."

호박꽃은 깜짝 놀랐어요.

"네? 왜요?"

"여기는 아주 따뜻하고 편하거든요. 달콤한 꿀도 많고요. 게다가 이렇게 예쁘잖아요? 난 안 갈래요."

"나비 씨, 그러면 안 돼요. 어서 날아가세요."

호박꽃은 화를 냈어요.

하지만 나비는 그 자리에서 꼼짝도 하지 않고 고집을 피웠답니다.

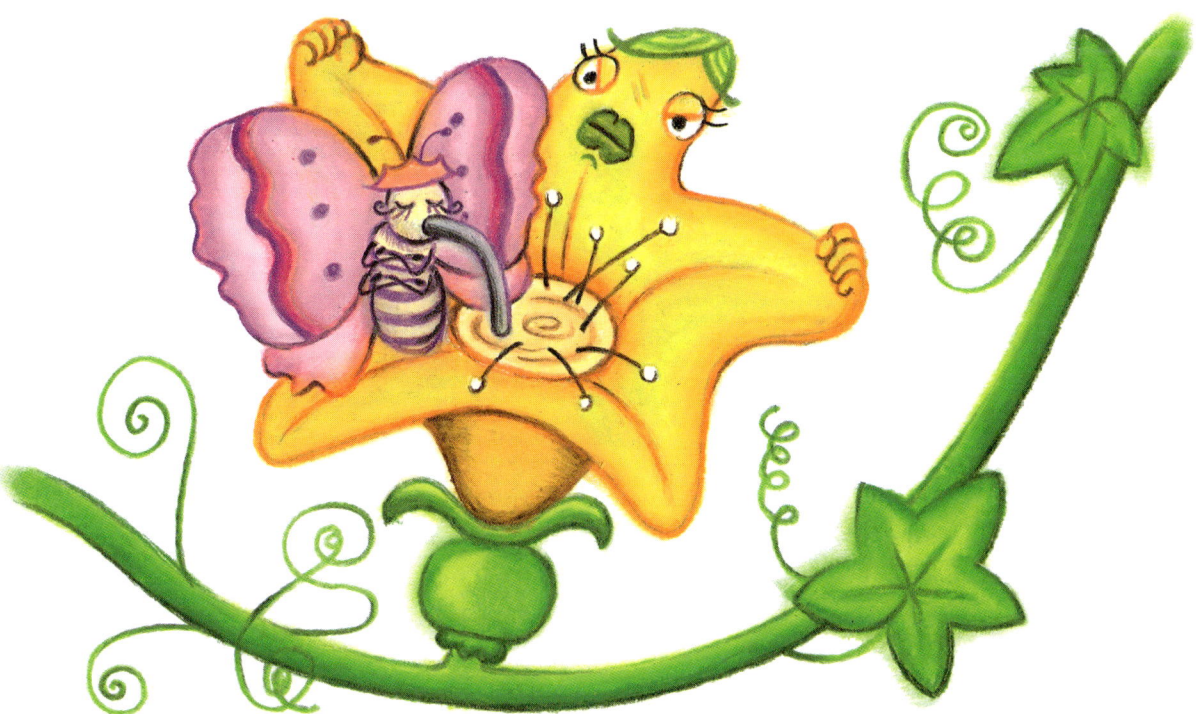

"어? 이 꽃에는 벌써 나비가 앉았네. 그럼 우리는 저 꽃으로 가 볼까?"

"붕붕, 여기엔 나비가 있으니까 나는 다른 꽃으로 가야겠다."

많은 벌들과 나비들이 호박꽃의 주위를 지나쳐 날아갔지만, 아무도 호박꽃에게 오지 않았어요.

모두들 다른 꽃을 찾아 날아갔지요. 호박꽃은 나비에게 부탁했어요.

"나비 씨, 제발 다른 꽃으로 날아가 주세요. 나비 씨 때문에 아무도 내 곁으로 오지 않잖아요. 저는 다른 벌이나 나비에게 부탁을 해서라도 열매를 맺어야 해요."

호박꽃이 아무리 애원을 해도 나비는 눈도 깜짝하지 않았어요.

나비가 호박꽃 속에 들어간 지 일 주일이 지났어요.

"에이, 이 꽃은 왜 이렇게 쭈그렁 할망구가 되는 거야?"
호박꽃은 점점 시들고 있었어요.
"이제 다른 꽃으로 가 봐야겠군. 어디엔가 싱싱하고 예쁜 꽃이 있을 거야."
"너무해요. 나는 열매도 맺지 못하고 이렇게 말라 죽어 가고 있는데, 날아가 버리겠다고요? 내가 그만 날아가 달라고 할 때는 들은 척도 하지 않다가, 이젠 내 모습이 미워졌다고 가 버리려고 하다니……."
"흥, 난 이제 다른 예쁜 꽃을 찾아갈 거예요."
나비는 훨훨 날아가 버렸어요. 호박꽃은 슬퍼서 눈물을 흘렸답니다.
날씨는 점점 서늘해졌어요. 나비는 몸이 많이 약해져서 더 날아다닐 수가 없었죠.
"이제 따뜻한 곳에서 잠이나 자야겠다."
나비는 따뜻한 곳을 찾아 날아갔어요.

여기저기를 날아다니던 나비는 예전에 머물렀던 호박꽃 덩굴을 지나가게 되었답니다.

나비는 갑자기 그 호박꽃이 궁금해졌어요.

'쪼그랑 호박꽃은 잘 있을까?'

그런데 호박꽃 덩굴엔 둥글둥글한 호박들만 잔뜩 열려 있었어요.

"애들아, 안녕? 너희 혹시 담 제일 높은 곳에 있던 호박꽃이 어디로 갔는지 아니?"

"그 호박꽃은 열매를 맺지 못하고 떨어져 버렸어요."

"떨어졌다고? 왜?"

"원래 꽃들은 시들어 떨어지는 거예요. 떨어지고 나면 우리 같은 열매들이 생기거든요."

나비는 고개를 갸웃거렸어요.

"그러면 담벽 위의 호박꽃은 왜 열매를 맺지 못한 거야?"

"우리는 나비와 벌들이 꽃가루를 옮겨 줘서 열

매를 맺은 거예요. 하지만 예전의 그 호박꽃을 찾아온 나비는 다른 꽃으로 옮겨 가지 않고 계속 그 꽃에만 머물러 있었대요. 그래서 그 꽃은 눈물을 흘리며 죽어 갔대요."
"내가 너무 내 생각만 하고 호박꽃에 머물러 있었구나……."
나비의 두 눈에서는 눈물이 뚝뚝 떨어졌어요.
"호박꽃 양, 미안해요. 내 생각만 하느라 당신에게 너무 나쁜 짓을 했어요."
나비는 마음 속 깊이 호박꽃에게 사과하면서 힘없이 숲 속으로 날아갔답니다.

**궁금증 해결**

# 나비야 나비야 이리 날아오너라

봄이 되면 들판에서 만날 수 있는 나비들. 예쁜 나비들은 봄과 여름에 들판을 날아다니면서 꽃의 꿀을 빨아 먹어요.

꿀을 먹을 때는 대롱같이 생긴 길다란 입을 사용하죠. 평소에는 돌돌 말아가지고 다니다가 꿀을 먹을 때는 쭉 펴서 꿀을 빨아먹는답니다.

이렇게 마음껏 꿀을 먹으면서 나비들이 하는 일은 바로 꽃가루를 옮겨 주는 일이에요. 꽃은 길다랗고 굵은 암술 위에 수술의 꽃가루를 묻혀 주어야만 열매를 맺을 수 있기 때문이죠.

꽃들은 스스로 움직일 수가 없잖아요. 그러니까 벌이나 나비 같은 곤충들의 도움을 받아야만 한답니다.

그러면 비닐 하우스에서 자라는 꽃들은 어떻게 꽃가루를 옮겨 열매를 맺을까요?

벌, 나비들이 없는, 비닐 하우스 같은 곳에서는 사람이 꽃가루를 옮겨 준답니다.

놀라운 상식 백과

## 나는야 위장의 명수

나비의 애벌레들은 약하고 느려서 적의 눈에 띄면 금방 잡아먹히고 말죠. 그래서 애벌레들은 위장을 하고 있답니다. 호랑나비의 애벌레는 초록색과 갈색이 어우러진 무늬의 옷을 입고 있답니다. 이 무늬는 꼭 나뭇잎 위에 떨어진 새똥처럼 보인다고 해요. 그런가 하면 배추흰나비의 애벌레는 배춧잎과 똑같은 초록색이라서 배춧잎인지 애벌레인지 구별할 수가 없답니다.

## 파닥파닥, 나도 꿀을 먹지요

세상에서 제일 작은 새가 뭔지 아세요? 바로 벌새랍니다. 벌새는 몸 길이가 약 6~10센티미터 정도로 1초에 50번이나 날갯짓을 할 수 있대요.

벌새는 뾰족한 부리로 꽃의 꿀을 빨아먹는데 꽃에 부리를 콕 박고 날개를 쉴새없이 파닥이죠.

그러면 아래로 떨어지지 않고 공중에 가만히 떠 있을 수 있대요.

봄 나들이

# 개미집은 왕궁이래요

"아니, 이 괘씸한 놈들! 어디 두고 보자!"

풀밭에 살고 있는 곤충들은 모두 겁에 질렸어. 곤충들 중에서도 무섭기로 소문난 사마귀가 잔뜩 화가 났거든.

"사마귀가 왜 저렇게 화가 났대?"

"누가 개미가 왕이라고 그랬다는구먼."

"사마귀한테 걸리면 어쩌려고, 누가 그런 말을 한 거야?"

나비랑 무당벌레가 속닥속닥 귓속말을 하고 있었어.

그 때 여덟 개의 긴 다리를 가지고 있는 거미가 나타났지.

"내가 고자질했다, 너희들 혼나 볼래?"

거미는 아무 일에나 톡톡 끼여들기 좋아하는 고자질쟁이였어.

나비랑 무당벌레는 거미를 보자 날개가 떨어져라 도망을 갔지.

한편 땅 속에서 살던 개미들은 벌써 일 주일째 땅 위로 한 발짝도 못 나왔어.

"후유, 여왕님이 곧 알을 낳아야 하는데. 사마귀가 저렇게 심술을 부려서 어떻게 하지?"

"글쎄 말이야. 먹을 것을 구해 와야 할 텐데."

그런데 여왕개미는 아무것도 모르고 일개미들을 괴롭혔어.

"먹을 걸 갖다 줘. 배가 고파서 알을 못 낳겠단 말야."

하는 수 없이 일개미들은 밖으로 나왔단다. 부

지런히 열매 부스러기나 죽은 곤충을 찾아다니고 있을 때였어.

"요 녀석들! 잘 걸렸다. 어디 혼 좀 나 봐라."

사마귀가 짠 하고 나타난 거야. 개미들은 부들부들 떨었지.

"사, 살려 주세요. 저, 저희는 일만 하는 일개미들이랍니다."

"그래? 너희 왕이 있는 곳으로 안내해라."

"예? 우리 여왕님은 지금 알 낳을 준비를 하고 계시는데요?"

"흥, 그게 나랑 무슨 상관이냐."

개미들은 사마귀를 데리고 개미굴 앞까지 왔어. 조금 있으니 커다란 여왕개미가 뒤뚱거리면서 나왔지.

"아이, 눈부셔. 당신은 누구시죠?"
"곤충의 왕, 사마귀를 몰라보다니. 괘씸한 것!"
사마귀는 크게 소리쳤어.
"왜 그렇게 화를 내시는 거예요?"
"네가 왕이라고 떠들고 다닌다면서? 그렇게

힘이 세다면 나랑 한번 싸워 보자."
여왕개미는 눈이 동그래졌지.
"난 그런 적 없어요. 땅 속에서만 사는데 어떻게 떠들고 다니겠어요?"
"그렇게 시치미를 떼다니. 내 부하 거미한테서 다 들었다고."
"아하, 나를 여왕개미라고 부르는 걸 들으셨나 보군요. 하하하. 사마귀님, 전 여왕개미가 맞아요. 난 일개미들보다 덩지가 두 배는 더 크죠. 뿐만 아니라 개미들 중에서 나 혼자만 알을 낳을 수 있어요. 그래서 모든 개미들은 날 잘 따르고 여왕으로 떠받든답니다. 또 내가 밥 먹고 싶다고 하면 밥 갖다 주고, 자고 싶다고 하면 이불 펴 주고, 내 알은 모두 일개미들이 봐 주고, 또……."
"뭐라고? 그럼 네가 정말 왕이란 말야? 네가 왕이라면 나와 싸워서 진정한 왕을 가리자고!"

사마귀는 씩씩거렸어. 여왕개미는 이마에 흐르는 식은땀을 닦으면서 난처한 표정으로 말했지.

"사마귀님. 제가 왕은 왕이지만 어디까지나 개미들의 왕일 뿐이란 말이죠. 사마귀님처럼 멋진 분이 있는데 제가 어떻게 곤충의 왕이 될 수 있겠어요?"

"뭐라고? 거짓말 아냐?"

"거짓말이라뇨? 제가 사마귀님한테 왜 거짓말을 하겠어요? 사마귀님이 곤충의 왕이라는 건 어린애들도 다 안다고요."

여왕개미의 말을 듣고 난 사마귀는 피식 웃으면서 말했어.

"허허, 그럼 그렇지. 에잇, 이 거미놈을 찾아서 혼 좀 내 줘야지."

이렇게 해서 사마귀는 커다란 앞다리를 세우고 거미를 찾아 떠났어. 여왕개미는 다시 알을 낳게 되었고 말이야.

**궁금증 해결**

## 개미는 단것을 좋아해

개미도 우리 친구들처럼 단것을 아주 좋아해요. 과자 부스러기나 사탕 부스러기들이 떨어진 곳엔 어김없이 개미가 모여든답니다.

꽃밭에서 개미들을 많이 볼 수 있는 이유도 개미가 단것을 너무 좋아하기 때문이에요.

개미가 꿀이라도 먹는 걸까요? 아니에요. 꽃밭에는 진딧물이 많이 살고 있기 때문이에요.

진딧물은 나무 줄기의 즙을 빨아먹는 벌레죠. 나무 줄기의 즙을 빨아먹은 진딧물은 꽁무니로 달짝지근한 물을 내놓습니다. 한 마디로 설탕처럼 단 오줌을 싸는 것이죠.

개미는 진딧물로부터 이 단물을 얻습니다. 대신 무당벌레나 큰 벌레들로부터 진딧물들을 보호해 준답니다.

개미와 진딧물처럼 서로 도우며 사는 것을 공생이라고 해요. 이제 개미가 왜 꽃밭을 떠날 수 없는지 잘 알겠죠?

**놀라운 상식 백과**

## 불쌍한 일개미

부지런히 일만 하는 일개미들의 수명은 보통 1~2년입니다. 하지만 몸집이 크고 일을 하지 않는 여왕개미는 자그마치 10년도 넘게 살 수 있답니다.

그런가 하면 여왕개미와 결혼 비행을 하는 수개미들은 결혼 비행이 끝나는 대로 바로 죽습니다.

## 벌은 정말 독침을 쏘고 나서 죽을까요?

개미처럼 집단 생활을 하는 곤충으로 유명한 것은 바로 벌이죠. 이 벌들은 꽃의 꿀을 모아서 벌집에 저장해 놓는답니다.

벌들에게는 무서운 무기가 하나 있죠. 바로 독침이에요. 벌들은 독침을 한번 쏘고 나면 죽습니다. 벌들은 사람이나 동물의 살 속 깊숙이 침을 꽂아 놓고는 도망을 가는데 이 때 엉덩이의 살과 근육이 독침과 함께 쑥 뽑혀 버려요. 그러면 엉덩이에 뻥 뚫린 큰 상처가 나게 되고, 곧 죽는답니다.

개미집은 왕궁이래요

## 세상에서 가장 빠른 동물은?

"야, 내가 잠든 사이에 달리기에서 이겼다고 정말 네가 빠른 줄 알아?"

"어쨌든 내가 달리기에서 이긴 건 틀림없잖아. 치타 너도 나랑 달리기 시합하자."

토끼는 지금 너무 어이가 없답니다. 거북이 치타에게 달리기를 하자고 했거든요. 토끼는 눈을 동그랗게 뜨고 이렇게 중얼거리네요.

"거북이 제정신이 아닌가 봐. 세상에서 가장 빨리 달리는 치타에게 저런 말을 하다니."

치타는 부드러운 허리를 이용해서 달리는 동물이죠. 치타는 몸을 웅크렸다가 다시 쫙 펴면서 달리는데 이건 치타의 허리뼈가 용수철처럼 잘 오므라들었다가 늘어나기 때문이에요.

치타가 달릴 때의 속도는 자그마치 시속 110킬로미터나 된답니다. 고속도로를 달리는 자동차의 속도가 시속 100킬로미터인 것을 생각하면 정말 빠르죠? 하지만 이렇게 빠른 치타도 10분 이상 같은 속도로 달릴 수 없는데 그 까닭은 심장이 터져 버리기 때문이에요.

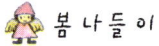 봄 나들이

# 은혜 갚은 막내곰

"할머니, 옛날 얘기 해 주세요."

어린 곰들이 할머니 곰 주위에 둘러앉아 조르고 있습니다.

"요 녀석들은 늘 옛날 얘기 타령이로구나."

"할머니이~."

제일 작은 막내곰이 할머니의 팔을 붙잡고 늘어지자 다른 곰들도 떼를 썼습니다.

"그래, 그래 알았다. 내 얘기 해 주마."

곰들은 기대에 찬 눈을 반짝거리며 할머니에게 바싹 다가앉았습니다.

"옛날 아주 옛날 말이다. 우리 곰 조상 중에 힘 세고 용맹스럽기로 이름난 곰이 살았단다. 모두들 그 곰을 장군이라고 불렀지. 장군이는 어렵고 힘든 일을 당한 동물들을 돕는 일에 앞장서고 남들이 꺼리는 일을 늘 도맡아하곤 했어. 그러던 어느 날 바닷가에 사나운 상어가 나타나 약한 물고기들을 괴롭힌다는 얘기를 듣게 되었지. 장군이는 당장 바다로 달려갔어. 거기서는 사나운 상어가 여기저기 마구 헤집고 다니며 심술을 부리고 있었어. 장군이는 당장 물로 뛰어들었지."

이야기를 듣던 곰들은 침을 꼴깍 삼켰습니다.

"원래 우리 곰들이 헤엄을 좀 치기는 하지만 바다에서야 땅에서만큼 힘을 쓸 수가 없잖아. 그런데도 장군이는 용감하게 물 속으로 뛰어든 거야. 상어는 갑자기 나타난 장군이를 보고 놀랐지. 하지만 금방 머리를 썼어. 장군이를 깊은 바다로 끌어들이기로 한 거야. 거기서야 장군이가 버텨 낼 재간이 없을 테니까. 그래서 자꾸 자꾸 깊은 바다로 들어갔어. 천하의 장군이였지만 숨이 차서 버틸 수가 없었단다. 장군이는 헉헉거렸어."

"장군이가 불쌍해요."

막내곰이 울먹거리며 말하자 다른 곰들도,

"맞아요."

하며 합창을 했습니다.

"그런데 그 때 고래떼가 나타난 거야. 힘센 상어였지만 고래들이 여러 마리 나타나자 주춤거렸지. 그 틈을 타서 고래떼는 물을 뿜어 대며 상어를 공격했어. 상어가 어쩔 수 없이 도망가 버리자 고래들은 힘을 모아 장군이를 모래밭까지 데려다 주었단다. 그래서 장군이는 무사히

숲으로 돌아올 수가 있었대. 물론 그 후로는 상어가 말썽을 부리지 못했지."

"아, 그랬구나."

곰들은 모두들 고개를 끄덕였습니다.

"자, 오늘 얘기는 이걸로 끝이야. 모두들 집으로 돌아가거라."

곰들은 아쉬워하면서 발길을 돌렸습니다. 그런데 막내곰만은 집에 돌아갈 생각도 하지 않은 채 그 자리에 붙박이처럼 앉아 있었습니다.

'정말, 고마운 고래들이야. 장군이 아저씨를 살려 주다니. 그렇다면 내가 찾아가서 인사라도 해야겠다. 인사성 바른 곰이 되라고 어른들이 늘 그러셨잖아.'

막내곰은 바다로 가서 고래를 만나야겠다고 마음을 먹었습니다. 그래서 작은 배낭을 메고 길을 떠났습니다. 우선 '바다쪽'이라고 써 붙인 푯말을 따라 걸었습니다.

막내곰은 산을 넘고 개울을 지나 걷고 또 걸었습니다. 하지만 바다라는 곳엘 가 본 적이 없으니 얼만큼 남았는지 알 수가 있어야죠. 그렇게 걷다가 쉬다가 하며 길을 가고 있는데 저 멀리 눈 앞에 푸른 물이 보이질 않겠어요?

"이야, 바다다 바다, 드디어 바다에 도착했어!"

막내곰은 좋아서 펄쩍펄쩍 뛰었습니다. 그리고는 물 속으로 첨벙첨벙 걸어 들어갔죠. 그 때 메기 한 마리가 나타나 물었습니다.

"넌 곰 아니니? 네가 여긴 웬일이야?"

"응, 난 고래를 만나러 왔어."

"뭐, 고래? 강에서 고래를 찾으면 어떡해?"

"그럼 여긴 바다가 아니란 말야?"

"여긴 강이야. 우리 메기들은 바다에서는 살지 못한단다."

막내곰은 고개를 갸우뚱거리며 물었어요.

"강하고 바다하고 어떻게 다른데?"

"우선 강물이 모여서 바다가 되는 건데 다른 점은 강물은 안 짜고, 바닷물은 짜다는 거야. 바다에는 소금 성분이 들어 있거든. 또 강물은 추울 때는 얼 수도 있지만 바닷물은 아무리 추워도 절대 얼지 않아. 그뿐만 아니라 강에는 파도

가 치지 않는단다. 바다에 있는 밀물이나 썰물도 없고."

"내가 보기엔 강이나 바다나 비슷한 것 같아."

"안 믿겨지면 이 물을 한번 먹어 봐."

막내곰은 메기가 시킨 대로 강물을 먹어 보았습니다.

"정말. 짠맛은 나지 않는걸."

"이제 알겠지?"

"그럼 바다로 가려면, 어떻게 해야 하는데?"

막내곰은 메기가 가르쳐 준 대로 길 안내를 받아 이번에는 진짜 바다를 찾아 길을 떠났어요.

저 멀리 수평선이 보였습니다.

"여기는 틀림없이 바다가 맞을 거야."

막내곰은 두 손으로 물을 떠서 꿀꺽 마셔 보았습니다.

"퉤퉤, 정말 짜구나. 그렇다면 여기는 분명히 바다야. 어서 고래에게 인사를 해야 할 텐데."

그런데 그 때 바닷고기들의 소리가 들렸어요.
"저걸 어째. 고래가 불쌍해."
고래라는 말에 귀가 번쩍 뜨인 막내곰은 주위를 둘러보았죠. 그랬더니 저쪽 편 모래사장에 커다란 고래가 힘없이 누워 있는 것이 아니겠어요.
'고래가 왜 물 밖에 나와 있지? 우리가 물 속에서 살 수 없듯이 고래도 물 밖에서는 못 산다고 들었는데.'
바닷고기들은 고래가 몸이 아파 땅으로 밀려오게 되었다고 걱정하고 있었습니다.
'안 되겠다. 저러다간 고래가 죽을지도 몰라.'
"끙끙, 영차 영차."
막내곰은 있는 힘을 다해 고래를 물 속으로 밀었습니다. 덩지가 작은 막내곰 혼자 커다란 고래를 밀기가 쉽지는 않았어요. 하지만 장군이를 도와 주었던 고래들을 생각하면서 힘을 냈답니다.
한참을 밀다 보니 고래가 조금씩 기운을 차리

고 움직이기 시작했어요.

"와, 고래가 움직인다. 곰 힘내라."

안타깝게 쳐다보고만 있던 물고기들이 환호성을 올렸습니다. 고래는 조금씩 조금씩 바다로 미끄러져 들어가기 시작했습니다.

"풍덩!"

고래가 바닷속으로 완전히 들어가자 바다의 고기들이 모두 박수를 쳤습니다. 파도도 좋아서 넘

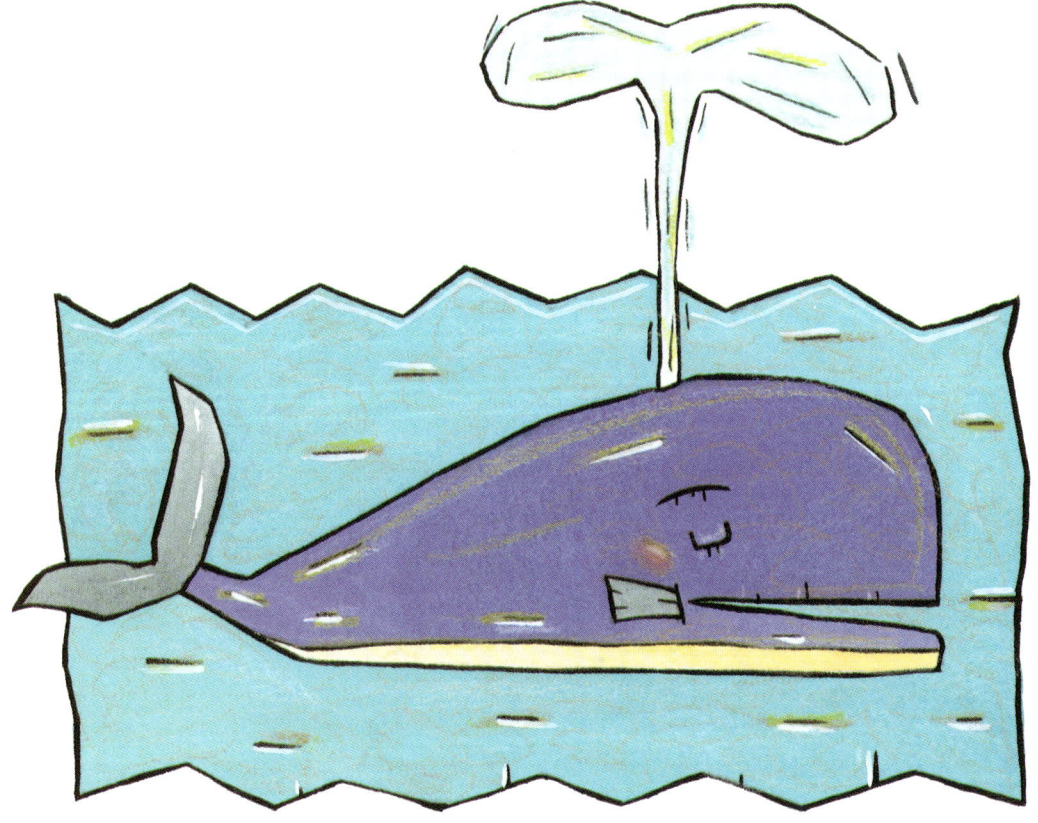

실 춤을 추었죠.

"고마워, 곰아."

고래는 막내곰에게 손을 흔들었습니다.

물을 내뿜으며 깊은 바다로 향하는 고래를 보면서 막내곰은 흐뭇했습니다. 오래 전에 장군이 곰이 입었던 은혜를 자신이 갚게 되었으니까요.

숲으로 돌아온 막내곰은 곰들에게 고래 이야기를 들려 주었습니다.

"우리 막내곰 정말 용감한걸."

"그래, 장군이 아저씨만큼이나 멋져."

모두들 막내곰을 칭찬했습니다.

"우리 그럼 이제부터 막내곰을 장군이 곰이라고 부르자."

"좋아, 좋아."

이렇게 해서 막내곰은 장군이 곰으로 불리게 되었답니다. 물론 용감하고 씩씩한 곰으로 자라 숲을 지키는 데 앞장섰지요.

## 바닷물은 왜 짤까요?

강물도 냇물도 샘물도 모두 시원한 맹물인데, 바닷물만 왜 짭짤할까요? 그건 바닷물 속에 소금이 들어 있기 때문이에요.

이 바닷물을 이용해서 옛날부터 우리는 소금을 얻었답니다. 바닷물을 모아서 햇볕에 말리면 하얗고 반짝반짝한 소금이 되었거든요.

그럼 도대체 바닷물은 왜 짠 걸까요? 사람들은 아마도 지구가 태어날 때부터 바닷속에 소금이 들어 있었던 게 아닐까 생각한대요.

바닷물에는 소금 외에도 여러 자원이 많이 있어요. 우리가 먹는 물고기도 식량 자원이고요. 석유나 석탄 같은 광물 자원도 아주 많죠.

그런데 이런 바다가 자꾸 오염되고 있대요. 바다가 오염이 되면 생선도 먹을 수 없고 여러 자원도 바닷속에서 썩어 가게 된답니다. 그러니까 우리도 바다가 깨끗해지도록 관심을 가져야겠어요.

놀라운 상식 백과

## 오징어에게도 피가 있대요

　오징어의 피는 하얀색이에요. 사람의 피도 빨갛고 물고기의 피도 빨간색인데, 왜 오징어의 피만 하얀색일까요? 그 이유는 피에 들어 있는 색소 때문입니다.
　사람 몸의 피는 헤모글로빈이라는 색소 때문에 빨갛게 보이는 것이에요. 하지만 오징어의 피에 들어 있는 헤모시아닌이라는 색소는 하얀색을 띠고 있다고 해요. 헤모시아닌은 열을 가하면 굳어지기 때문에 오징어로 요리를 해도 피를 볼 수 없는 거예요.

## 바다에 상어가 있다면 강에는 내가 있지요

　상어처럼 사람을 해치는 물고기가 강에도 있답니다. 이 물고기의 이름은 피라니아예요. 우리 나라에는 없고 아메리카의 아마존 강에 약 20종류가 살고 있어요. 이 물고기는 면도칼처럼 날카로운 이빨을 가지고 있고, 몸 길이는 약 30센티미터 정도인데 수백 마리가 모이면 소 한 마리도 거뜬히 먹어 버린대요.

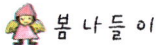 봄 나들이

# 못 말리는 딱따구리

    산과 들에 예쁜 꽃들이 피어났어요. 긴 겨울이 끝나고 동산에 봄이 왔거든요. 독수리 아저씨는 동산에 산책 나왔다가 깜짝 놀랐어요.

    "딱따닥 딱딱."

    마치 통나무를 두드리는 것 같은 큰 소리가 봄 동산에 울려 퍼졌거든요. 독수리 아저씨는 소리 나는 곳을 찾아 고개를 두리번거렸어요. 하지만 계속해서 소리만 들릴 뿐이었죠.

    "따다다 따닥."

    소리가 어찌나 컸던지 노루, 산토끼와 같은 산

에 사는 동물들, 가재, 붕어 같은 물고기들도 모두 놀라서 달려왔어요.

"경찰관님. 이게 도대체 무슨 소리지요?"

하지만 독수리 아저씨도 알 수가 없었어요.

"글쎄, 나도 모르겠는걸."

"그럼 빨리 알아보셔야죠."

독수리 아저씨는 동물들의 성화에 못 이겨 소리가 들려온 숲 쪽으로 날아갔어요.

"가긴 가는데, 이거 겁이 좀 나는걸."

하늘을 날아가던 독수리 아저씨는 은근히 겁이 나서 커다란 나무에 몸을 숨겼지요.

"따닥 따닥, 따다닥."

그 소리는 독수리 아저씨가 몸을 숨기고 있는 나무 옆에서 들려왔어요. 독수리 아저씨는 살짝 고개만 내밀고 주위를 살폈어요. 소리가 난 곳에는 긴 부리를 가진 작은 새 한 마리가 있었어요.

"애개개, 저렇게 조그만 새한테 겁을 먹다니."

그 새를 보고 난 독수리 아저씨는 겁먹었던 표정을 얼른 바꿨어요.

"꼼짝 마. 넌 누구냐?"

"전, 딱따구리인데요."

"딱따구리? 좋아, 네가 딱따구리면 다야? 왜 시끄럽게 울어 대는 거야?"

독수리 아저씨는 딱따구리를 잡았어요.

"딱따구리, 너를 체포한다."

독수리 아저씨는 딱따구리를 끌고 동산으로 갔어요.

"범인은 바로 요 딱따구리였습니다."

독수리 아저씨가 딱따구리를 가리켰어요.

"네? 제가 무슨 죄가 있다고 그러세요?"

"네가 시끄럽게 우는 바람에 봄 동산의 동물들이 화가 나 있어."

엉겁결에 끌려와 아직도 정신이 없는 딱따구리가 울음을 터뜨렸어요.

"으앙, 저는 울지 않았어요."

"울지 않긴. 지금도 울잖아."

독수리 아저씨는 무섭게 호통을 쳤어요. 그 때 동물들이 수군거렸어요.

"저건 좀 전에 울던 목소리가 아닌걸."

동물들이 수군대는 소리를 들은 독수리 아저씨가 딱따구리에게 물었어요.

"딱따구리 너, 조금 전처럼 울어 봐. 어서!"

"아저씨, 그건 나무를 쪼는 소리였다고요."

딱따구리가 억울하다는 듯 독수리 아저씨를 쳐다봤어요.

"나무를 쪼는 소리였다고?"

"네. 저는 나무 속에 들어 있는 벌레를 잡아먹고 살아요."

그러나 독수리 아저씨는 고개를 저었어요.

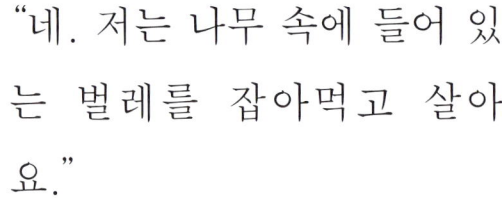

"흥, 그 말을 믿으라고?"

"못 믿으시겠다면 제 부리 힘이 얼마나 센지 직접 보여 드리겠어요."

맑은 눈을 빛내며 딱따구리가 말을 이었어요.

"독수리 아저씨, 엉덩이 좀 내밀어 보세요."

독수리 아저씨가 엉덩이를 쑥 내밀었어요. 그러자 딱따구리는 기다렸다는 듯이 독수리 아저씨의 엉덩이를 쪼았지요.

"퍼버버벅!"

"으악, 독수리 살려!"

독수리 아저씨는 엉덩이가 어찌나 아픈지 비명을 지르고 말았어요.

"그만, 그만해."

결국 독수리 아저씨는 딱따구리를 풀어 주었어요. 먹이를 잡기 위해 나무에 구멍을 뚫는 걸 막을 수는 없었거든요.

**궁금증 해결**

## 내가 나무를 먹는다고요? 천만의 말씀!

딱따구리는 전나무, 잣나무, 소나무, 참나무 같은 큰 나무가 많이 있는 깨끗한 숲 속에서만 살아요.

딱따구리는 딱정벌레나 하늘소의 애벌레를 잡아먹고 사는데, 이 딱정벌레와 하늘소들은 나무 안쪽에 알을 낳아요.

딱정벌레나 하늘소의 애벌레들이 나무 속을 파 먹게 되면 나무는 금방 병이 든대요. 딱정벌레나 하늘소는 알을 낳기 위해 나무에 작은 구멍을 뚫거든요.

딱따구리는 이 작은 구멍을 찾아 내서 다시 크게 구멍을 뚫는 거예요. 딱따구리는 나무 벌레들을 잡는 전문가이기 때문에 구멍을 찾는 일 정도는 쉽게 해낸답니다.

딱따구리들은 5~6월에 알을 낳고 새끼를 기르는데 한 번에 2~5개의 알을 낳는답니다.

그리고 나무 위에서 사는 새답게 알도 밤나무, 전나무, 소나무의 구멍에 낳는대요.

놀라운 상식 백과

## 우리 나라의 딱따구리, 크낙새

크낙새는 우리 나라에만 있는 귀한 새로 천연기념물 197호로 지정된 새이기도 해요. 원래는 일본에서도 살았는데, 일본의 크낙새들은 모두 멸종되어 버렸대요.

우리 나라에도 오래 전에는 광릉, 속리산, 설악산에서 살았는데 이제는 거의 멸종되었어요. 1989년에 광릉에서 마지막으로 크낙새 한 쌍이 발견되었지만 지금은 볼 수가 없답니다. 북한의 황해도에 아직 5쌍이 있는 걸로 전해지니 그래도 다행이죠?

## 쥐가 나무를 먹는다고요?

쥐는 나무를 먹는 게 아니라 그냥 이빨로 나무를 갉을 뿐이에요. 쥐의 뾰족한 앞니는 사람의 머리카락처럼 계속해서 자란답니다. 그래서 이빨의 길이가 짧아지도록 단단한 나무를 갉는 거예요.

옛날에는 집의 대들보가 쥐 때문에 무너지는 일도 있었다니까 작다고 무시할 일이 아니죠.

못 말리는 딱따구리

 씽크탱크

# 개구리의 몸은 왜 미끈미끈할까요?

　목욕을 1년에 한 번 할까말까한 거북은 목욕을 자주 하는 개구리가 신기한가 봐요. 거북은 노래까지 하면서 목욕을 하는 개구리를 비웃었죠.
　그 때 흉악한 늑대가 나타났어요. 개구리는 쏙 빠져나갔지만 단단한 껍질을 자랑하던 거북은 그만 잡히고 말았어요.
　개구리가 목욕을 좋아하는 이유는 도망을 잘 가기 위해서만은 아니랍니다. 우리들도 물을 마시지 않고는 살 수가 없듯이 개구리도 물 없이는 살 수 없대요.
　하지만 개구리는 물을 마시지는 않는답니다. 피부로 호흡을 잘 하기 위해 피부를 촉촉하게 적실 뿐이에요. 개구리는 허파가 그리 발달하지 않았거든요.
　이렇게 중요한 피부가 바짝 말라 버리면 숨도 못 쉬고, 물도 못 마시죠. 그래서 개구리는 피부가 늘 촉촉하도록 목욕을 하는 거예요.
　개구리를 잡을 때 미끈거리는 것도 바로 개구리 피부의 물기 때문이랍니다.

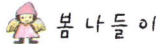 봄 나들이

# 책상은 내 친구

　안녕? 나는 학교 화단에서 살고 있는 전나무야. 여기서 아주 오래오래 살았지.

　며칠 전에 나에게 아주 특별한 친구가 생겼어. 그 친구의 이름은 책상이지. 너희들이 쓰는 책상 말야.

　책상이 어떻게 나랑 친구가 되었는지 궁금하지? 지금부터 내 얘기를 잘 들어 봐.

　비가 쏟아지는 어느 날이었어. 아이들은 일찍 집으로 가고 학교는 텅텅 비었지.

　나는 내리는 비를 흠뻑 맞으며 좋아하고 있었

어. 그런데 바로 그 때였어.

"비가 아주 시원하게 오는구나."

어디선가 이런 소리가 들리는 거야. 나는 주변을 둘러봤어.

"전나무야, 난 책상이야. 2층 창문을 봐."

아, 그 소리는 2학년 교실에 있는 책상이 내는 소리였어.

"아니, 넌 책상 아니니? 나에게 말을 붙이는 책상은 네가 처음인걸."

나는 깜짝 놀랐어.

"하하하, 그 동안 다른 책상들은 너와 말을 하

지 않았나 보구나."

"그래."

난 뾰로통해졌지. 그 동안 책상이랑 의자들은 저희들끼리만 놀고 나는 끼워 주지 않았거든.

"하하하, 널 보니까 옛날 생각이 나는걸."

"옛날 생각이라니?"

"나도 옛날에는 아주 큰 나무였거든."

와, 저렇게 시시하게 생긴 녀석이 나처럼 멋있는 나무였다니! 난 믿을 수가 없었어.

"정말이야? 못 믿겠는걸."

"정말로 커다란 소나무였어."

"넌 잎도 없고, 꽃도 못 피우고, 열매도 맺지 못하잖아."

"지금은 그렇지. 무생물이니까."

"무생물?"

"그래, 난 움직이지도 않고, 숨쉬지도 않고, 절대 죽지도 않아. 나처럼 생명이 없는 물건을 무생물이라고 하지. 나 말고도 이 교실엔 무생물이 많아. 저 칠판도 무생물이고, 창문도 달력도 액자도 네 발치의 조약돌도 모두모두 무생물이란다."

"그러면, 나는 뭐야?"

"넌 생물이야. 생명이 있잖아. 그러니까 숨도 쉬고, 잎이나 꽃도 피울 수가 있는 거야. 너 같은 나무나 꽃, 풀, 사람, 동물 모두 생물이지."

책상은 아는 것도 참 많았어.

"흥, 그래도 네가 나와 똑같은 나무였다는 건 믿을 수 없어."

"여길 봐. 나에게도 나이테가 있단다."

책상은 다리를 들어서 보여 줬어. 색깔이 칠해져 있지 않은 책상의 다리에는 정말로 동글동글한 나이테가 있었어.

나는 잠시 책상을 의심한 것이 미안했어. 그런데 여전히 이상했어. 나처럼 나무였는데 어떻게

책상이 된 거냐고.

"난 원래 저 멀리 섬 나라에 있는 소나무였어. 근데 내가 너무 커서 어린 싹들의 영양분을 빼앗고, 햇살을 가로막는다고 베어 버렸지."

책상은 나에게 자기의 얘기를 들려 줬어.

"정말 끔찍해."

"체, 너도 더 자라면 베어질 텐데 뭘."

"난 무생물 따위는 되기 싫은걸. 지금처럼 맛있는 물을 마실 수도 없고, 햇빛도 받을 수 없잖아. 또 자라지도 않을 거 아냐."

"무생물은 그런 게 별로 필요 없어. 오히려 물을 많이 먹으면 썩어 버린단다."

나는 책상이 불쌍해졌어. 그런데 곧 나도 무생

물이 된다지 뭐야. 난 책상에게 어떡하면 좋겠냐고 물었어.

"전나무야. 너무 걱정할 건 없어. 생물이었을 때보다 더 좋은 점도 있거든."

"응? 그게 뭔데?"

"사람들에게 도움이 되잖아. 나무였을 때는 그늘을 만들어 주고, 열매를 맺어서 사람들에게 도움이 되었지만, 지금은 사람들이 나 때문에 편리하게 살 수 있잖아. 그리고 아이들은 내가 있어서 공부를 더 열심히 할 수 있거든. 그래서 우리 나무들은 사람들에게 사랑받는 거야."

책상은 자랑스러운 표정으로 말했어.

"맞아. 아이들은 모두 책상 위에서 공부하지? 그래, 나도 책상이 되면 좋겠다."

"하하하, 전나무야. 모든 나무

들이 책상이 되는 건 아니야. 나무들 중에는 책상이나 옷장처럼 가구가 되는 것도 있고, 종이가 되는 것도 있어. 그리고 장식품이 되는 것도 있지. 내 생각에 넌 크리스마스 트리가 되면 참 좋겠다. 예쁘게 생겼으니까."
"크리스마스 트리라고? 그럼 사람들이 날 예쁘게 장식해 준단 말야?"
"그래. 멋지지? 크리스마스 트리가 되었다가 나처럼 하얗게 말라 버리면 사람들이 사는 집이 될 수도 있지."
"집?"
"그래, 원래 전나무는 사람들이 사는 집을 짓는 데 가장 적합하대. 넌 참 좋겠다. 사람들이 예쁘게 장식도 해 주고, 멋진 통나무집도 될 수 있고 말이야."

"우아! 정말 멋지다. 내가 사람들과 항상 함께 있을 수 있단 말이지?"

난 기분이 좋아졌어. 크리스마스 트리도 되고 날 이용해서 집을 짓는다니 얼마나 멋진 일이야.

그 날 밤 나는 반짝반짝 빛나는 노란색 별을 단 크리스마스 트리가 되는 꿈을 꾸었어. 또 조그만 아이들이 통나무집 안에서 신나게 뛰어 노는 꿈도 꾸었지.

꿈에서 깨고 보니 어서 빨리 베어졌으면 좋겠다는 생각이 드는 거 있지? 그러고 보면 무생물도 그리 나쁜 건 아니야. 그렇지?

**궁금증 해결**

## 생물과 무생물의 차이는 뭘까요?

우리 주변에 있는 많은 사물들은 크게 생물과 무생물로 나눌 수 있습니다. 생명이 있는 것은 생물, 생명이 없는 것은 무생물입니다.

생물은 음식물이나 영양분을 먹을 수 있어야 하고 그 영양분을 소화시켜서 몸의 여러 부분으로 보낼 수 있어야 하죠. 그렇게 해서 몸을 자라게 할 수 있어야 생물이라고 합니다.

동물은 음식물을 먹고 자랍니다. 식물도 햇빛과 물을 먹고 자랍니다. 또 곰팡이나 세균도 다른 생물에게서 영양분을 얻어 자라기 때문에 생물에 속합니다.

그런가 하면 무생물은 몸 속에서 아무런 변화가 없는 것들을 가리키는 말이에요. 돌이나 흙과 같은 것들이죠.

생물이었다가 죽어서 생명이 없어진 것들도 무생물이죠. 나무로 만든 책상이나 마른 풀로 만든 돗자리, 소라나 조개껍데기로 만든 장식품들은 원래 생물이었지만 생명을 잃고 무생물이 된 것들이랍니다.

놀라운 상식 백과

## 크하하, 난 죽은 건 안 먹어

죽은 먹이를 먹지 않는 대표적인 동물은 거미와 개구리입니다.

거미는 거미줄에 잡힌 곤충을 먹는데, 산 채로 꽁꽁 묶어 한입에 꿀꺽 한답니다.

개구리도 움직이는 곤충만을 먹어요. 개구리는 다른 동물들과 달라서 냄새로는 먹이를 알아낼 수 없습니다. 그래서 무조건 움직이는 작은 곤충은 먹이로 생각하고 잡아먹는답니다.

## 꽥, 나 죽었다!

죽은 척해서 생명을 지키는 동물. 바로 주머니두더지입니다. 주머니두더지는 적을 만나면 죽은 것처럼 땅에 납작 엎드리고 숨도 쉬지 않아요.

주머니두더지들이 죽은 척하는 이유는 머리가 나쁘기 때문이에요. 주머니두더지의 뇌는 아주아주 작아서 더 좋은 방법을 생각해 낼 수가 없다고 해요.

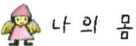 나의 몸

# 팔과 다리의 불평

혁이는 아주 개구쟁이예요.

학교에서나 집에서나 뛰어다니며 노는 것을 좋아하지요. 그러다 보니 저녁만 먹으면 늘 곯아떨어져 잠자기 바빠요.

어느 토요일이었어요.

이 날도 혁이는 학교에서 돌아오자마자 놀이터에 가서 뛰어놀았어요. 철봉에서 매달리기도 하고, 미끄럼도 타고, 정글짐 사이사이를 돌아다니기도 했지요. 그런

데 그네를 타다가 그만 떨어지고 말았어요.

"아얏!"

혁이의 무릎이랑 손바닥에 상처가 났어요.

저녁이 되자 집으로 돌아온 혁이는 저녁밥을 먹은 뒤 곧바로 곯아 떨어졌어요.

"드르렁 쿨쿨~ 드르렁 쿨쿨~"

혁이의 코가 요란하게 소리를 냈어요. 그러자 낮에 무릎을 다친 다리가 잠에서 깨어났어요.

"아이고, 시끄러워! 가뜩이나 무릎이 쿡쿡 쑤시고 아파서 괴로운데, 저 녀석 때문에 잠까지 못 자겠네."

다리가 투덜거리는 바람에 곤히 자던 팔도 잠에서 깼어요.

"다리야, 무슨 일이니?"

"코가 하도 시끄럽게 해서 잠을 못 자겠어."

"나는 하도 피곤해서 코 고는 소리도 못 들었어. 그런데 깨어 보니 참 시끄럽구나."

그러더니 팔은 코를 깨웠어요.

"코야, 좀 조용히 해 줄래? 너 때문에 모두들 잠을 못 자고 있어."

"미, 미안해. 사실 나도 시끄럽게 굴 생각은 없어. 하지만 혁이가 피곤하면 나도 어쩔 수 없이 소리를 내게 돼. 너희들에게 방해가 된다면 앞으로 조심할게."

코는 사과를 한 뒤 다시 잠에 빠졌어요.

이번에는 드르렁거리지 않았어요.
"어휴, 손바닥이야. 아까 넘어질 때 다친 곳이 점점 아파오는걸."
"나도 마찬가지야."
팔과 다리는 잠을 못 이루고 괴로워했어요.
이 때 혁이의 입이 중얼중얼 잠꼬대를 했어요.

다리와 팔은 갑자기 심술이 났어요.
"우리는 날마다 쉴새없이 일하는데 입은 도대체 뭐야?"
"글쎄 말이야. 우리가 무거운 짐을 나르고, 이리저리 바쁘게 뛰어다닐 때도 하는 일 없이 그저 먹기만 하잖아."
"저 녀석만 보면 정말 화가 나서 미치겠어."
밤새도록 불평을 늘어놓던 팔과 다리는 마침내 좋은 생각을 해냈어요.
"우리도 이제부터 아무 일도 하지 말자. 내가 밥을 떠 먹여 주지 않으면 입도 먹을 수가 없으니 고생 좀 할 걸."
"그래, 좋아."
이렇게 약속한 혁이의 팔과 다리는 꼼짝도 하지 않았어요.
며칠 동안 아무 것도 먹지 못한 혁이의 몸은 차차 기운을 잃어 갔지요. 팔과 다리도 마찬가지였지요. 결국 혁이는 앓아눕고 말았어요.

그제야 입이 말했어요.

"너희들은 나를 골탕먹이려고 일을 안 했지만 골탕을 먹은 건 너희들도 마찬가지지? 너희들이 보기에 내가 아무 일도 안 하고 늘 받아 먹기만 하는 것 같지만 사실 나는 음식을 잘게 부수는 일을 한단다. 소화가 잘 되도록 말이야."

이 말을 들은 팔과 다리는 할 말이 없었어요.

입은 계속 말을 이었어요.

"내가 먹은 음식이 온몸에 전해졌을 때 비로소 너희들도 힘을 낼 수 있는 거란다."

팔과 다리는 그제야 사과했어요.

"그런 줄도 모르고 우리가 괜히 심술을 부렸구나. 미안해."

그 후 팔과 다리는 입과 사이좋게 지내며 자신의 할 일을 다했어요. 그러자 개구쟁이 혁이도 몸이 더 튼튼해졌답니다.

**궁금증 해결**

## 사람은 하루에 몇 번 식사를 해야 좋을까요?

사람들은 하루에 보통 세 끼를 먹어요. 아침, 점심, 저녁으로 나누어서요.

이렇게 세 끼를 먹는 습관은 우리 나라 사람들뿐만 아니라 다른 나라 사람들도 거의 마찬가지예요.

사람들이 세 끼를 먹게 된 이유는 하루의 바쁜 일과와 시간, 그리고 움직이는 양을 봐서 가장 적당하다고 생각했기 때문이에요.

하지만 의학적으로 보면 사람은 하루에 다섯 끼나 여섯 끼를 먹는 것이 가장 좋다고 해요.

물론 그렇게 여러 번 먹는 대신 식사의 양을 줄여야겠지요.

그래야만 위에 부담도 덜고, 몸의 여러 기관이 제 기능을 발휘할 수 있답니다.

**놀라운 상식 백과**

## 혀는 왜 있는 걸까요?

혀에는 유두라는 작은 돌기들이 나 있어요. 혀의 앞부분에 있는 유두는 단맛을 느낄 수 있는 모양이고, 그 뒤쪽의 양옆에 있는 유두는 짠맛을 느낄 수 있는 모양이에요. 그보다 뒤쪽의 양옆에 있는 유두는 신맛을 느낄 수 있는 모양이고, 맨 뒤쪽의 중앙에 있는 유두는 쓴맛을 느낄 수 있는 모양이지요.

이처럼 혀는 음식의 맛을 볼 때나 음식물을 씹을 때 잘게 부술 수 있도록 도와 줘요. 그리고 혀가 없으면 말을 할 때 정확한 발음을 할 수가 없답니다.

## 코가 막히면 정말로 맛을 느끼지 못할까요?

음식의 맛은 혀로만 느끼는 것이 아니에요. 단맛, 짠맛, 신맛, 쓴맛 외에 고소한 맛 등을 느낄 수 있는 것은 우리가 음식을 먹는 동안 코로 냄새를 맡기 때문이에요.

따라서 감기에 걸려 코가 막히게 되면 맛있는 음식을 먹어도 그 맛을 제대로 느낄 수가 없답니다.

팔과 다리의 불평

# 왜 비 온 후에는 벽에 얼룩이 질까요?

　오늘도 이불에 지도를 그린 태공이. 얼룩덜룩해진 벽지를 보고 이러는 거예요.
　"엄마, 이건 내가 그린 지도가 아니에요. 이건 분명히 하느님이 그린 지도라니까요."
　엄마는 호호호 웃으면서 말했어요.
　"태공아, 네 말이 맞는 것 같다."
　비가 오고 나면 벽지에 얼룩이 생기는 건 물의 성질 때문이에요. 물은 다른 물질을 녹이는 성질을 가지고 있거든요. 우리가 사는 집은 튼튼해서 물에는 절대 녹지 않을 것 같지만, 사실은 서서히 녹아 가고 있습니다.
　"어? 또 비가 오네? 이번에도 의심받을 순 없어."
　빗소리를 듣고 부리나케 지붕으로 올라간 태공이, 뭘 했냐고요? 글쎄 지붕에 우산을 씌웠지 뭐예요. 하지만 어쩐지 태공이가 헛수고를 한 것 같네요.
　그 조그만 우산으로는 지붕을 다 씌울 수도 없잖아요. 그래도 지붕이 낡아져서 빗물이 벽을 적시면 어쩌냐고요? 그거야 집을 수리해야지요. 우산 갖고 되나요?

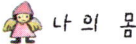 나의 몸

# 쪼글쪼글 귓바퀴

"난 왜 이렇게 못생겼을까?"

어제 승주네 집에 손님들이 왔거든요. 손님들이 왔다 가면 귀는 투정이 심해져요.

"눈이랑 입술이랑 코랑 너희들은 좋겠다."

"왜?"

"손님들이 오면 너희들만 예뻐하잖아."

귀는 그것이 늘 불만이었어요.

"승주는 입술도 참 예쁘지."

"승주는 눈이 똘똘하게 생긴 걸 보니 공부를 잘 하겠구나."

"승주 코는 어쩜 이렇게 오뚝하니?"

손님들은 항상 눈이랑 입술, 코만 예쁘다고 했어요. 누구도 귀를 예쁘다고 말하지는 않았어요.

"난 왜 이렇게 쪼글쪼글하고 넓적하지?"

귀가 이렇게 투정을 부릴 때마다, 입술과 눈과 코는 이렇게 말해요.

"너 때문에 승주는 소리를 들을 수 있잖아."

"네가 없으면 승주는 아마 귀머거리가 될걸."

하지만 귀는 알고 있어요. 소리를 듣는 건 귀가 아니라 고막이라는 걸요.

귀로 들어온 소리가 고막을 통해야만 승주가 들을 수 있거든요.

"너희들이 거짓말하는 거 다 알아."

귀가 슬퍼하고 있다는 소식을 대뇌가 알게 되었어요.

대뇌는 우리 몸에서 일어나는 일을 모두 알고 있죠.

"귀야, 너의 쪼글쪼글한 귓바퀴가 얼마나 큰 일을 하고 있는지 아니?"
대뇌는 귀를 달랬어요.
"체, 거짓말하지 말아요."
"거짓말이라고? 내 말을 잘 들어 봐."
대뇌는 조용히 귀에게 이야기해 줬어요.
"너의 귓바퀴는 소리를 모아 주는 일을 한단다. 너의 귓바퀴가 주름이 없고 매끈하다면 소리를 제대로 들을 수 없어."
귀는 겨우 울음을 그쳤어요.
"그런데 왜 아무도 나에게 예쁘다고 하지 않는 거예요?"
"귀야, 우리 몸에서 가장 중요한 곳이 어디인 줄 알아?"
"그야, 대뇌 아저씨죠."
"그래, 하지만 아무도 대뇌가 예쁘다고 말하진 않아. 사람의 몸은 사람이 살기에 좋도록 만들어진 것이지, 예쁘게만 만들어진 것은 아니거든. 귀 너는 주름이 있고, 올록볼록해야 하고, 코는 오뚝하고 길쭉해야 제 기능을 하는 거야. 이제 알겠니? 그리고 이건 비밀인데 너하고는 비교도 안 될 정도로 쪼글쪼글 주름이 많은 곳이 있단다."

"어딘데요?"

"바로 입술이야. 입술은 우리 몸에서 가장 주름이 많지. 이건 비밀인데, 입술은 널 부러워하고 있단다."

그제야 귀는 겨우 마음이 풀렸어요.

"죄송해요. 맨날 투정만 부려서……."

"괜찮아. 대신 앞으로는 그러지 마."

귀는 다음 날부터 다시 웃기 시작했어요.

"좋은 음악이구나. 어서 귓바퀴에 모아야지."

소리들은 귓바퀴를 타고 뱅글뱅글 돌아서 귓속으로 들어갔어요.

그런데 그 날따라 모두들 귀에게 친절하게 대하는 거예요.

"귀야, 네 덕분에 소리를 잘 들을 수 있어서 얼마나 좋은지 몰라."

"네가 없으면 노래를 부를 수 없을 거야."

입과 목도 칭찬을 해 줬어요. 음악을 듣고 승주가 춤을 추니까 다리도 고맙다고 했죠.

"이야, 내가 이렇게 중요하다니!"

그 날부터 귀의 불만은 눈 녹듯이 사라졌어요. 그런데 이거 아세요? 입과 목, 팔 다리가 귀를 칭찬한 게, 알고 봤더니 대뇌가 시킨 거래요. 어쨌든 귀는 아주 기분이 좋아졌답니다.

**궁금증 해결**

# 귀에 주름이 진 이유

소리가 잘 들리지 않을 땐 손을 모아서 귀 옆에 붙여 보세요. 그러면 넓은 손바닥이 소리를 모아 주어 잘 들린답니다.

하지만 늘 손을 사용할 필요는 없습니다. 왜냐 하면 귓바퀴가 있기 때문이지요.

귀의 넓적한 모양과 쪼글쪼글한 귓바퀴는 우리가 소리를 잘 듣기 위해 꼭 필요합니다. 바깥의 소리들은 귓바퀴의 주름진 골을 따라서 고막으로 들어오게 되어 있기 때문입니다.

소리는 거울처럼 매끄러운 곳에 부딪히면 튕겨 나오고, 한번 튕겨 나올 때는 소리의 크기가 절반으로 줄어듭니다.

만일 귀가 주름 하나 없이 매끄럽다면 소리들이 몽땅 튕겨 나가 버리고, 그러면 우리는 소리를 제대로 들을 수 없을 게 분명합니다.

귓바퀴의 쪼글쪼글한 주름, 비록 못생겼지만 우리 몸에 없어서는 안 될 아주 중요한 부분이랍니다.

## 귀가 두 개인 이유

소리가 들리면 두 귀는 그 소리를 똑같이 나누어서 들어요. 하지만 왼쪽에서 들리는 소리는 왼쪽 귀가, 오른쪽에서 들리는 소리는 오른쪽 귀가 더 크게 듣는답니다.

뇌는 이렇게 양쪽에서 들리는 소리를 감지해서 우리에게 소리의 방향을 알려 주지요.

오디오의 스피커는 양쪽에 두 개가 있습니다. 이건 오른쪽과 왼쪽의 소리가 합쳐 입체적으로 들리게 하기 위해서랍니다.

## 귀지, 안 파면 안 되나요?

귀지는 귓속에서 나오는 때이지만 몸에서 생기는 때와는 조금 다릅니다. 귀지를 오랫동안 파지 않으면 대부분의 경우 큰 덩어리가 되어 자연스럽게 똑 떨어져 나온다고 해요. 하지만 어떤 사람들은 귀지가 귓구멍을 막아서 소리를 듣지 못하기도 한다니까 귀지가 귀를 막기 전에 살살 파내 주는 것이 좋겠어요.

 씽크탱크

# 코딱지는 왜 생길까요?

　둘도 없는 라이벌, 봉달이와 또철이가 딱지치기를 하고 있어요. 봉달이는 한아름이나 되는 딱지를 다 잃어버리고 마지막 딱지를 꺼내 들었죠.
　"힘 내라! 나의 슈퍼 울트라 코딱지!"
　글쎄 봉달이는 얇은 종이로 딱지를 접고 그 위에 코딱지를 덕지덕지 붙여 놓았던 거예요.
　"우웩! 더러워라! 이 딱지 다 네가 가져!"
　또철이는 딱지 자루를 던져 놓고 도망가 버렸어요.
　코딱지는 공기중에 떠 다니는 먼지가 콧속으로 들어와 만들어진 것이랍니다. 우리가 숨을 들이쉬고 내쉴 때 먼지도 함께 콧속으로 들어오지요. 하지만 공기처럼 가슴 속 깊이까지는 들어가지 못해요. 다 코털 때문이지요. 코털이 먼지가 가슴 속까지 들어가지 못하도록 꽉 붙잡아 주거든요.
　코털이 붙잡고 있는 먼지들은 흐르는 콧물과 범벅이 되지요. 콧물과 먼지가 범벅이 되어 딱딱하게 굳으면 그게 코딱지가 되는 거예요. 이 코딱지는 부드러운 면봉으로 살살 닦아 내는 게 가장 좋답니다.

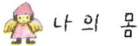 나의 몸

# 새끼 손톱의 웃음

오늘도 송아는 엄마랑 싸우고 있어요.
"송아야, 엄마가 손톱 깎으랬지?"
"싫어. 귀찮단 말예요."

송아는 손톱, 발톱 깎는 걸 무척 싫어해요. 그래서 송아의 손톱은 늘 삐죽 자라 있답니다.
"손톱이 자라면 지저분하단 말야."

엄마는 기어이 송아의 손을 붙잡고 손톱을 깎기 시작하셨어요.
"체, 우리가 지저분한가? 우리한테 끼는 때가 더러운 거지."

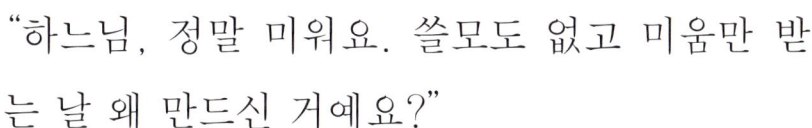

손톱들의 불만은 이만저만이 아니에요. 특히 새끼손가락의 손톱은 더욱 그랬어요.

"잉잉, 왜 우리만 미워하는 거야?"

항상 얼굴을 찡그리고 있는 새끼 손톱은 매일 눈가에 눈물을 대롱대롱 매달고 살았답니다.

그러던 어느 날이었어요.

"새끼 손톱아, 여기 좀 보렴."

어디선가 밝은 빛이 비치더니 웬 할아버지가 새끼 손톱을 불렀어요.

"난 널 만든 하느님이란다."

"하느님, 정말 미워요. 쓸모도 없고 미움만 받는 날 왜 만드신 거예요?"

"네가 왜 쓸모가 없어? 조금만 기다려 봐. 네가 사랑받을 날이 곧 올 거야."

어느 새 하느님은 뽀로롱 사라졌어요.

"내 얘기 좀더 들어 주세요. 하느님!"

새끼 손톱은 큰 소리로 하느님을 불렀어요.

새끼 손톱의 웃음

"야, 너무 시끄러워. 좀 조용히 해!"

다른 손톱들이 하품을 하면서 새끼 손톱에게 알밤을 주었어요. 깨고 보니 꿈이었지 뭐예요.

오후가 되었어요. 송아는 낮잠을 자려고 누웠죠. 그런데 배가 슬슬 아파 오는 거예요.

"엄마, 배 아파요."

"너 또 꾀병 아냐?"

"아녜요. 이번엔 진짜 아프단 말예요."

"네 말을 어떻게 믿니? 이 꾀병 대장아."

엄마는 송아의 손을 유심히 들여다보셨어요.

"아니, 손톱이 왜 이렇게 울퉁불퉁하지? 정말

아픈가 보네."

엄마는 송아를 데리고 병원으로 갔어요. 송아는 병원에서 주사를 맞았죠. 그 동안 송아의 뱃속에 나쁜 세균들이 우글거리고 있었대요.

"엄마, 어떻게 손만 보고도 아픈 걸 아세요?"

송아는 신기한 듯 물었어요.

"사람이 아플 땐 손톱에 줄무늬도 생기고 울퉁불퉁해지거든."

"왜요?"

"손톱 끝에는 손톱을 자라게 하는 뿌리가 있어. 이 뿌리에서 손톱이 자라려면 영양분이 필요하거든. 그런데 우리 몸이 건강하지 않으면 손톱 끝까지 영양을 못 보낸단다. 그래서 손톱의 모양이 못생겨지고 얇아지는 거야. 그 동안 송아 뱃속의 세균들이 손톱에 보낼 영양까지 몽땅 먹어 버렸나 보다. 그러니까 손톱이 미워졌지."

"엄마, 그러고 보니 손톱도 쓸모가 있네요."

"그럼. 손톱은 우리가 많이 쓰는 손 끝의 약한 피부를 보호하잖아. 만일 송아가 칼질이나 가위질을 하는데 손톱이 없다고 생각해 보렴. 얼마나 힘들겠니. 우리 몸에는 쓸모 없는 것은 하나도 없어."

송아는 엄마의 설명을 듣고 난 후부터 손톱, 발톱을 열심히 깎았어요. 목욕이랑 양치질도 자주 했지요. 다른 때는 귀찮게 생각했지만 우리 몸이 얼마나 소중한지 알고 난 후부터는 모든 일이 즐거워졌어요.

"손톱아 고마워. 네가 아니었으면 난 꾀병으로 오해받을 뻔했어."

손톱들은 싱글벙글, 활짝 웃었어요.

"내 꿈에 나타난 하느님이 약속을 지키셨어. 아이, 좋아라."

그 중에서도 새끼 손톱은 너무 좋아서 벌린 입을 다물지 못했답니다.

**궁금증 해결**

## 소중한 손

우리의 손은 물건을 잡기에 편하도록 많은 뼈와 근육으로 이루어져 있어요. 또 물건을 만질 때 느낌을 알 수 있도록 많은 신경으로 이루어져 있지요.

이렇게 소중한 손은 옛날부터 귀한 대접을 받았답니다. 기도를 할 때 두 손을 공손히 모으거나 깍지 끼는 것을 봤을 거예요. 그것은 우리 몸에서 가장 귀한 손으로 최고의 신을 섬긴다는 뜻이랍니다.

하지만 왼손은 푸대접을 많이 받아요. 모든 것들이 오른손잡이에 맞춰 만들어졌기 때문이죠. 책도 대부분 오른쪽에서 왼쪽으로 넘기도록 만들어져 있고, 가위나 악기도 오른손잡이가 사용하기 편하게 만들어졌어요.

동남 아시아의 여러 나라에서는 왼손으로 밥을 먹으면 예의에 어긋난다고 해요. 왼손은 화장실에서만 써야 한다고 생각하거든요.

하지만 두 손 중 하나만 없어도 우리는 금방 불편함을 느껴요. 두 손 모두 우리 몸에선 중요하기 때문이죠.

## 손톱에도 키다리가 있어요

여러분은 모든 손톱을 한꺼번에 깎기 때문에 잘 모르지만 손톱이 자라는 속도는 모두 다릅니다.

우리 손톱 중에서 가장 빨리 자라는 것은 오른손 가운뎃손가락의 손톱이고 집게손가락, 약손가락, 엄지손가락, 새끼손가락 손톱의 순서로 자란답니다.

## 지문이 궁금해요

우리의 손가락 끝에는 동글동글하고 촘촘한 무늬의 지문이 있어요.

이 지문은 사람마다 손가락마다 모두 다른 모양을 하고 있답니다. 그리고 상처를 입어서 손가락을 다치더라도 똑같은 무늬의 지문이 생겨난대요.

그럼 이 지문은 무슨 일을 할까요? 가장 큰 일은 손으로 물건을 잡을 때 미끄러지지 않게 하는 것이지요.

또 사람마다 모두 지문의 모양이 다르기 때문에 나쁜 짓을 한 사람을 찾아 내는 데도 요긴하게 쓰인답니다.

# 배꼽에서도 땀이 날까요?

"엥? 피부에 구멍이 있다고?"

누나는 선풍기 앞으로 뛰어온 뭉치를 확 밀쳐 버렸어요. 땀구멍에서 나온 땀 때문에 뭉치의 몸이 끈적거린다네요. 누나의 성화에 목욕을 하고 나온 뭉치, 배꼽을 꼭 막고 이러는 거 있죠?

"배꼽은 구멍이 크니까 땀도 많이 나올 것 아냐. 그러니까 이렇게 막아야지."

뱃속의 아기와 엄마는 탯줄이라고 하는 굵은 핏줄로 연결이 되어 있어요. 이 탯줄이 떨어져 나간 자리가 바로 배꼽이지요.

그렇다면 과연 배꼽에서도 땀이 날까요? 정답은 '아니다' 입니다. 배꼽은 앞에서도 말했듯이 굵은 핏줄일 뿐, 피부가 아니거든요. 땀이 나오는 땀구멍은 피부에만 있는 거예요.

그런데 아주 뚱뚱한 사람들의 경우 배꼽에서 땀이 나는 것처럼 보일 때가 있습니다. 이것은 다른 곳에서 난 땀이 배꼽에 고이는 것이지, 배꼽에서 땀이 나는 것은 아니에요.

나의 하루 생활

# 충치 세균 치약 용사

머리에 뾰족뾰족 뿔이 난 세균들이 있었어요. 이들은 사람의 이를 썩게 만드는 무시무시한 충치 세균들이에요.

충치 세균들은 도영이의 입 속을 무척 좋아해요. 왜냐 하면 도영이가 이 닦는 것을 싫어하기 때문이에요.

도영이의 하루 생활은 이래요.

아침에 엄마가 깨워 주지 않으면 늦게 일어나고, 세수할 때도 고양이처럼 눈곱만 떼어 내고, 아침 식사

교과서 과학 이야기

후에는 양치질도 안 하고 학교에 가요. 학교에서 돌아오면 숙제는 안 하고 뛰어 놀기부터 해요. 게다가 잠자기 전에 일기도 안 쓰고, 초콜릿이나 사탕을 먹어도 이를 안 닦고 자요.

보다 못한 엄마가 타일렀어요.

"제발 잠자기 전에는 양치질 좀 하렴."

그러나 도영이는 엄마 말을 듣지 않아요. 이러니 충치 세균들이 도영이를 좋아할 수밖에요.

반면 도영이의 여동생 지영이는 아주 깔끔한 아이예요.

아침에 일찍 일어나 운동도 하고, 세수도 깨끗하게 해요. 물론 식사 후에는 꼭 이를 닦지요. 과자나 아이스크림을 먹어도 마찬가지예요. 그러다 보니 무시무시한 충치 세균들도 겁이 나서 지영이의 입 근처에는 얼씬도 하지 않아요.

그런데 어느 날, 지영이가 케이크와 초콜릿을 먹고 있었어요.

기회를 엿보던 충치 세균 대장은 세균들을 몰고 지영이의 입 속으로 들어갔어요.

"이야! 여기가 바로 양치질하기 싫어하는 도영이의 입 속이구나!"

이걸 어쩌면 좋아요. 충치 세균들이 지영이의 입 속을 도영이의 입 속이라고 착각한 거예요.

"우헤헤, 여기 초콜릿 찌꺼기가 많은걸."

"내가 제일 좋아하는 케이크 찌꺼기도 있다!"

세균들은 이와 잇몸 사이에 붙은 찌꺼기를 먹느라 정신이 없었어요. 구멍 세균은 지영이의 이에 구멍을 내려고 애썼어요. 염증 세균도 덩달아 잇몸을 파고들어가려 했어요.

그 때 갑자기 입 안이 시끌벅적해졌어요.

"꼼짝 마라, 이놈들! 치약 용사 나가신다!"

입 안으로 들어온 치약이 충치균들에게 호통을

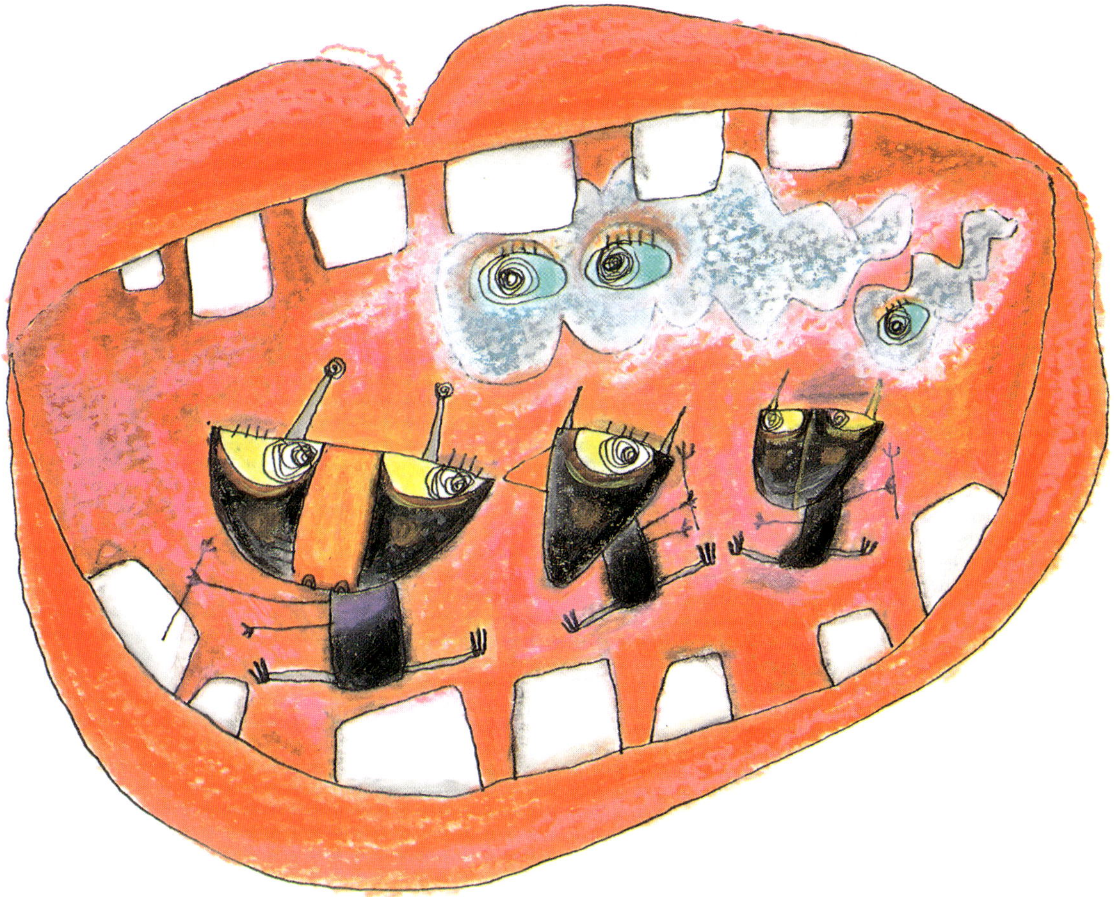

쳤어요. 그리고 쉴새없이 부글부글 거품을 내뿜기 시작했지요.

"우아악! 숨막혀!"

충치균들은 하나 둘 치약 용사들에게 잡혔어요. 깊숙한 어금니 사이로 숨었던 충치 대장도 얼마 못 가 잡히고 말았지요.

"살다 보니 별일이 다 있구나. 도영이가 양치질

을 다 하고 말이야."

"글쎄 말이에요."

충치 대장과 세균들은 어이없다는 듯이 말했어요. 이 말을 듣고 있던 치약 용사는 배꼽이 빠져라 웃으며 말했어요.

"하하하, 히히히. 여기는 도영이 입이 아니라 동생 지영이의 입이야. 지영이는 초콜릿 같은 것을 먹으면 바로바로 양치질을 하지. 멍청한 너희들이 길을 잘못 찾아온 거라고."

"뭐? 그, 그게 사실이니?"

충치균들이 화들짝 놀랐어요. 그러자 치약 용사가 다시 말을 이었어요.

"그렇고말고. 너희들이 좋아하는 도영이는 양치질을 하지 않다가 결국 이가 썩고 잇몸에서 피가 나와 치과에 갔단다. 지금쯤 울면서 치료를 받고 있을 거야."

이 말에 충치 세균들은 기절할 지경이었어요.

길을 잘못 찾아온 충치 세균들은 마침내 치약 용사들에게 혼쭐이 났어요.

도영이는 어떻게 되었냐고요?

치과에 다녀온 후로 하루 생활이 확 바뀌었어요. 아침에 일찍 일어나고, 세수도 잘 하고, 식사 후 이도 잘 닦고, 학교에 가서 공부도 열심히 하고, 집에 돌아오면 숙제부터 해 놓고, 잠자리에 들기 전에는 꼭 일기를 쓴답니다.

## 충치는 왜 생길까요?

 사람들은 하루에 세 번 정도 양치질을 해요. 식사를 하고 나서요.
 그런데 밥을 먹고 난 후가 아니더라도 과자나 케이크 같이 단 것을 먹고 났을 때는 바로바로 양치질을 해 주는 게 좋아요.
 음식을 먹은 뒤 양치질을 하지 않으면 충치가 생긴다는 것은 우리 친구들도 잘 알고 있을 거예요.
 그렇다면 충치는 왜 생기는 것일까요?
 그건 바로 세균 때문이에요. 세균은 축축하고 그늘지고 따뜻한 곳을 좋아하는데, 입 속은 이 모든 것을 다 갖추고 있지요. 거기에 음식 찌꺼기라는 먹이까지 있으니 입 속은 그야말로 세균들의 천국이 되는 거예요.
 충치를 없애려면 단 음식을 먹지 말아야 한다는 건 모두 알고 있지요? 하지만 더 중요한 건 음식을 먹고 나서 곧바로 양치질을 하는 습관이랍니다.

**놀라운 상식 백과**

## 감기에 걸렸을 때는 왜 양치질을 자주 해야 할까요?

감기는 코나 입과 같이 숨을 쉬는 곳으로 전염돼요. 특히 감기 균은 목구멍에 자리를 잘 잡지요.

그러니까 감기를 예방하거나 이미 감기에 걸렸을 때에는 입과 목구멍을 청결히 해 줘야 해요. 입과 목을 청결히 하는 데는 양치질이 최고랍니다.

### 치약은 약이 아니에요

이름과는 달리 치약은 약이 아니에요. 그래서 화장품 회사에서도 치약을 만들고 있답니다. 치약에는 탄산칼슘과 염산마그네슘이라는 성분이 들어 있어요. 이 성분은 음식 찌꺼기를 깨끗하게 닦아 주는 일을 하지요. 그리고 치약 회사에서는 개운한 느낌을 갖도록 하기 위해 향료를 넣기도 해요. 또 치약을 만드는 데 빼놓을 수 없는 것은 소금과 사카린(단맛을 내는 물질)이랍니다.

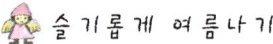 슬기롭게 여름나기

# 파리와 모기의 싸움

한밤중에 모기와 파리가 방 안에서 만났어요.
"아니, 넌 지저분한 파리?"
"흥, 넌 사람 피나 빨아먹는 모기 아니냐?"
"뭐라고? 말이 너무 심하잖아."
"넌 나더러 지저분하다며?"

둘은 만나기만 하면 싸우는 사이였답니다. 하지만 그 날은 싸울 시간이 없었어요. 방 안엔 사람들도 많았고, 음식도 많았거든요.

"이 집 음식은 오늘 내가 차지할 테니 넌 다른 곳에나 가 봐라."

파리가 모기에게 시비를 걸었어요.
"뭐라고? 이 집에 사람들이 이렇게 많은데 절대 갈 수 없어."
툭탁툭탁 한참을 싸우던 모기와 파리는 이렇게 하기로 했어요.
"좋아, 그럼 함께 있자."
"우아, 맛있는 음식이다!"
"하하하, 사람들도 많군."
둘은 흐뭇한 마음으로 마음껏 배를 채웠어요.
쪽쪽 쪼옥쪽, 그 때였어요.
"웬 모기가 이렇게 극성이래?"
아주머니가 벌떡 일어나 불을

켜는 거예요. 아뿔싸! 파리와 모기는 후닥닥 도망을 갔죠.

"허억허억, 넌 왜 사람을 깨우고 난리니?"

파리는 모기에게 큰 소리를 쳤어요.

"내가 깨우고 싶어 깨우니?"

"그럼?"

"내 침 때문에 가려워서 모두 일어나는데 날더러 어쩌라고?"

모기는 풀이 죽어 말했죠.

"어떤 침?"

"퉤퉤 침 말야."

"우웩! 그 더러운 침?"

파리는 진저리를 치며 이마를 찡그렸어요.

"그래, 사람들의 피부는 상처가 나면 피가 굳어서 딱지가 져. 그렇게 되면 피를 빨아먹을 수가 없게 돼. 우리의 침에는 피를 굳지 않게 하는 성분이 있어. 우리가 뱉어 놓은 침과 피가 섞이고 나면 그 때 빨아먹는 거지."

"근데 왜 가려워?"

"우리 침에는 독이 들어 있어. 그 독 때문에 사람들이 가려워하는 거야. 긁으면 피부가 빨갛고 단단하게 부어오르지."

파리는 얼굴이 파랗게 질렸어요.

"야, 난 먹는 음식에 침은 안 뱉어. 근데 넌 먹지도 않은 음식에 침을 뱉어? 아유 더러워."

"뭐라고? 넌 쇠똥 위에 앉았던 발로 음식을 밟고 다니는 주제에 날더러 더럽다고?"

파리와 모기의 싸움은 끝날 줄을 몰랐어요.

하지만 알고 있죠? 둘 다 지저분하긴 마찬가지란 걸요. 그래서 여름엔 모기약이랑 파리약을 뿌려서 벌레들을 없애야 하는 거예요.

## 모기, 파리가 무서워!

보통 연못이나 늪 주변에 모기들이 많죠? 이것은 모기가 물 속에 알을 낳기 때문이에요. 모기가 낳은 알은 장구벌레라는 애벌레가 되고요, 곧 번데기가 되었다가 모기가 되는 거예요.

화장실 주변에는 또 파리가 유난히 많죠? 그건 파리가 화장실에 알을 낳기 때문이에요. 특히 재래식 화장실이나 농촌의 거름더미 주변에는 파리가 너무너무 많아요. 파리의 알에서 태어난 애벌레는 우리가 너무너무 싫어하는 구더기랍니다.

이렇게 태어난 모기와 파리는 여간해서는 없어지지 않아요. 그 이유는 첫째, 300~400개가 넘을 만큼 알을 많이 낳기 때문이고요.

둘째, 모기와 파리들도 약을 많이 먹다 보면 약에 대한 저항력이 생긴대요.

그래서 아무리 약을 많이 뿌려도 없어지지 않고 계속해서 살아나는 것이랍니다.

## 모기가 옮기는 병

　해마다 여름이면 뇌염 예방주사를 맞아야 해요. 그건 모기가 옮기는 뇌염균 때문이에요.
　특히 일본에서 우리 나라로 건너오는 모기에게서 뇌염균이 많이 발견됩니다. 뇌염 모기에 물리면 뇌에 염증이 생겨서 심한 경우에는 목숨을 잃을 수도 있어요.
　또 어떤 모기는 학질균을 옮기기도 한답니다. 학질은 말라리아라고도 부르는 무서운 열병인데 더운 지방에서는 이 병으로 목숨을 잃는 사람들이 아주 많아요.

## 세상에서 가장 오래된 벌레

　바퀴벌레는 이 세상에서 가장 오래된 벌레랍니다. 벌써 3억 5천만 년 전부터 지구에 살았습니다.
　바퀴벌레의 종류는 약 3,500종으로 대부분은 열대 지방에서 살고 있어요.
　바퀴벌레는 생명력이 강한 편이지만 물을 먹지 않으면 7일 만에 죽어 버린답니다.

# 1학년 과학 이야기

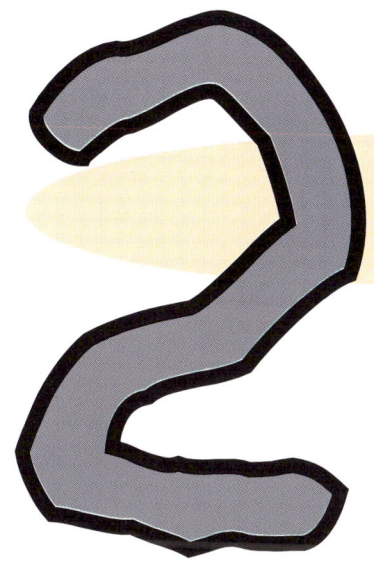

빼빼 마른 뚱뚱보
일등 연필 이야기
우리도 할 수 있어요
토돌이의 생일 잔치
아기돼지들의 눈물
딸꾹질아, 멈춰 다오

가을 이야기
날개 달린 씨앗
혹투성이 겨울 나무
토순이의 외투
버릇을 고친 다람쥐
겨울 방학 하는 날

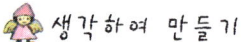 생각하여 만들기

# 빼빼 마른 뚱뚱보

"빨강 종이야, 안녕?"
"안녕, 노랑 종이."

색종이 마을의 노랑 종이는 얼마 전에 이사 온 빨강 종이에게 인사를 했어요. 그런데 빨강 종이는 노랑 종이를 좋아하나 봐요. 노랑 종이 앞에만 서면 원래 빨간 얼굴이 더 빨개지거든요.

그래서 빨강 종이는 학교 가는 길에 꼭 노랑 종이를 만나 인사를 했지만, 한 번도 함께 간 적이 없어요. 같이 가자고 말할 용기가 없었거든요.

"뚱땡이 뚱땡이!"

그 때였어요. 개구쟁이 파랑, 검정 종이들이 다가와 노랑 종이를 놀렸어요.

"노랑 종이야 운동 좀 해. 몸이 풍선처럼 뚱뚱하잖아."

"맞아. 넌 너무 뚱뚱해. 그러다 떼굴떼굴 굴러 다니겠다."

아이들이 자꾸만 놀려 대자 노랑 종이는 눈물을 글썽거렸어요.

"저리 가. 왜 자꾸 놀리고 그래."

그러자 아이들은 더 재미있다는 듯 노랑 종이를 놀렸죠.

"노랑 종이는 울보 뚱뚱보래요. 메롱."

"그만 해!"

어디선가 들려온 목소리에 노랑 종이가 고개를 번쩍 들었어요. 아이들의 어깨 너머로 보이는 건 바로 얌전한 빨강 종이였어요.

"너희들 왜 노랑 종이를 놀리고 그래."

빨강 종이가 따져 물었어요. 친구들은 빨강 종이의 큰 소리에 놀란 표정이었어요. 파랑 종이가 얼른 빨강 종이의 앞을 가로막았어요.

"엥? 네가 뭔데 참견이야."

"난 노랑 종이 친구야. 너희들도 모두 친구고."

"푸하하, 누가 뚱보랑 친구한대?"

빨강 종이가 노랑 종이를 데리고 친구들 앞으로 갔어요.

"노랑 종이는 뚱뚱하지 않아."

"뭐라고? 첫눈에 보아도 뚱뚱한데 뭐가 아니라는 거야?"

파랑 종이가 노랑 종이를 아래위로 훑어보며

말했어요.

"너희는 눈짐작으로만 보잖아."

"눈짐작이라고?"

"물론이지. 아마 실제로 재어 보면 생각이 달라질걸."

"좋아, 그럼 재러 가자."

파랑 종이가 노랑 종이의 손을 끌어당겼어요.

"아야, 어디 가는데?"

"직접 재려면 막대자 아저씨한테 가야지."

"싫어. 막대자 아저씨도 날더러 뚱뚱하다고 하면 어떡해?"

"노랑 종이야. 걱정 마."

빨강 종이의 다정한 말에 노랑 종이는 용기를 냈어요.

"그래, 빨강 종이 너만 믿을게."

이렇게 해서 노랑 종이는 막대자 아저씨를 찾아가게 되었어요.

"아저씨, 제 몸 좀 재 주세요."

"그거야 어렵지 않지."

막대자 아저씨는 노랑 종이의 몸을 재었어요.

"자, 다 쟀다."

막대자 아저씨가 구부렸던 몸을 펴자 노랑 종이가 물었어요.

"아저씨, 제가 뚱뚱해요? 안 뚱뚱해요?"

"으음, 그건 알 수가 없구나. 만일 파랑 종이를 잰다면 '노랑 종이는 파랑 종이에 비해 뚱뚱하다'라고 말할 수 있겠지. 하지만 노랑 종이만 재어 보고 뚱뚱하다고 할 수는 없지."

노랑 종이와 파랑 종이를 번갈아보며 막대자 아저씨가 말했어요.

"그럼 파랑 종이도 재 주세요."

"그러자꾸나."

막대자 아저씨는 파랑 종이의 몸을 재었어요.

"어? 이상하다. 둘이 똑같은걸."

몇 번을 더 재어 보았지만 그 때마다 노랑 종이와 파랑 종이의 크기는 같았어요.

"헤헤, 내가 뚱보면 파랑 종이도 뚱보겠네?"

결과가 이렇게 나오자 노랑 종이는 신이 났어요. 하지만 파랑 종이는 기분이 나빴어요.

"아저씨, 실제로 재어 보면 같은데 눈으로 보면 크기가 달라 보여요?"

"나도 잘 몰라. 나는 내가 직접 재어 보고 확인한 것만 정확하다고 할 뿐이야."

지금까지 지켜 보던 빨강 종이가 나섰어요.

"그건 눈으로 보는 게 정확하지 않아서 그래. 눈으로 볼 때는 모양이나 색깔에 따라서 비교되는 것들의 크기가 다르게 보여. 실제로 크기는 같은데 밝은 색깔인 노랑 종이가 파랑 종이보다 뚱뚱해 보이는 것처럼 말이야."

색종이 친구들이 빨강 종이의 말을 듣고 고개를 끄덕였어요. 모두 노랑 종이를 뚱뚱보라고 놀린 게 미안해졌어요.

"노랑 종이야. 미안해."

"난 괜찮아. 하지만 다시는 생김새를 가지고 친구를 놀리지 마. 그건 나쁜 거야."

"맞아. 이제부터는 조심할게."

파랑 종이가 노랑 종이의 어깨를 팔로 감싸며 말했어요.

이번엔 노랑 종이가 파랑 종이의 어깨를 팔로 감쌌어요.

"꼭 조심해야 돼. 이 빼빼 마른 뚱뚱보야."

"뭐라고?"

노랑 종이의 농담에 아이들의 웃음소리가 멀리 멀리 퍼졌어요.

**궁금증 해결**

## 색깔이 몸매를 결정한다고요?

　사람들은 자신의 눈이 가장 정확하다고 생각해요. 그래서 자기가 보는 대로 믿어 버린답니다. 하지만 이렇게 정확하다고 생각하는 사람의 눈도 착각을 일으키기가 쉽습니다.
　같은 크기의 종이라도 연하고 밝은 색깔은 더 커 보이고, 진하고 어두운 색깔은 더 작아 보이지요.
　눈의 이런 착각을 다른 쪽에 이용할 수도 있어요.
　뚱뚱한 몸매가 고민인 사람들은 세로 무늬의 옷을 입으면 아래위로 길쭉하게 보여서 덜 뚱뚱해 보이지요.
　반대로 너무 말라 고민인 사람들은 가로 무늬의 옷을 입으면 통통해 보인답니다. 가로 무늬는 좌우로 넓어 보이는 효과를 가지고 있거든요.
　또 좁은 방을 더 넓어 보이게 하려면 차가운 색의 벽지를 사용하세요.
　차가운 색은 뒤로 밀려 보이기 때문에 좁던 방이 훨씬 넓어 보이는 효과를 얻을 수가 있거든요.

## 착시 현상

눈이 착각을 일으키는 것을 착시 현상이라고 해요. 아래의 그림을 보세요. 두 막대가 굽어 보이죠? 이제는 자로 한번 재 보세요. 어때요. 똑바르지요?

또 아래의 사각형 그림을 보세요. 크기가 달라 보이죠? 하지만 자로 재어 보면 똑같답니다.

이렇게 사람의 눈은 주변의 색깔이나 모양에 따라 심한 착각을 일으킬 때가 많답니다.

빼빼 마른 뚱뚱보

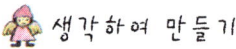

## 일등 연필 이야기

어제 연필 병원을 다녀온 연필 나라 대왕은 걱정이 이만저만이 아니에요.

"어허, 이 일을 어찌해야 좋을꼬. 날이 갈수록 환자들이 늘어만 가니……."

요즘 들어 연필 병원에 입원한 환자들이 점점 늘어서 더 이상 병실이 남아 있지 않거든요.

그런데도 병원 문 앞에는 아직 입원하지 못한 환자들이 길게 줄 서 있었어요.

심이 부러진 환자, 잇자국으로 몸이 엉망이 된 환자, 색깔이 흉하게 벗겨진 환자 등……. 너무 안타까운 모습들이었어요.

이렇게 계속 환자들이 늘어난다면 병원을 더 지어도 모자랄 지경이에요.

"여봐라. 대신들을 불러모아라."

조금 있으니 대신들이 하나씩 모여들었어요.

"이렇게 환자들이 늘어 가고 있으니 어쩌면 좋겠는가? 누가 방법을 좀 얘기해 보게."

대신들은 대왕에게 머리를 조아리며 말했어요.

"요즘 아이들은 튼튼하고 품질이 좋은 연필보다 예쁜 연필을 더 좋아합니다."

"그렇습니다, 대왕님. 아이들이 예쁘기만 하면 품질이 나빠도 자꾸 쓰니까 조금만 함부로 써도 금방 탈이 나는 것입니다."

대왕의 걱정은 점점 커져만 갔어요.

"어허, 정말 큰일이야. 이런 식으로 환자들이 늘어나면 곧 연필 나라에는 성한 연필이 없을 거라고."

대왕과 대신들은 머리를 모으고 방법을 생각해 내기로 했어요.

"연필의 길이를 짧게 하면 어떻겠습니까?"

"그러면 글씨를 잘 쓸 수 없잖아."

"연필을 앞뒤로 쓰라고 하면 어떻겠습니까?"

"그런다고 해결이 되겠습니까?"

하루 하고 반나절이나 회의를 한 대왕과 대신들은 이렇게 결정을 했어요.

"지금부터 품질이 좋은 연필에게는 일등 연필이라는 표시를 해 주겠노라. 아이들은 그 표시를 보고 연필을 고르도록 할 것이다."

그 날부터 대왕과 대신들은 연필 나라를 돌아다니며 좋은 연필들을 찾았어요.

아무리 모양이 예쁘고 좋아 보여도 연필심이 약해서 잘 부러지거나 겉면의 색깔이 잘 벗겨지는 연필들은 일등 연필이 될 수 없었어요.

조금 못생겼더라도 심이 튼튼하고 오래 쓸 수

있는 연필을 일등 연필로 뽑기로 했답니다.

 연필 나라에서 일등 연필을 뽑는다는 소문이 퍼지자 이웃 동네의 색연필들까지 연필 나라로 모여들었어요. 대왕과 대신들은 심사하느라 아주 바빠졌어요.

 몸이 플라스틱으로 되어 있는 색연필들 중에는 품질이 나쁜 것들도 있었어요. 조금만 써도 용수철이 튕겨져 나오고 힘주어 색칠을 하면 심이 부러지기도 했거든요. 이런 색연필들은 일등 연필이 될 수 없었어요.

 그래서 종이로 된 색연필들이 일등 연필이 되었답니다.

 "후유, 이제 환자들이 좀 줄었겠지?"

 대왕은 서둘러서 병원으로 달려갔어요. 생각했던 대로 병원은 전보다 많이 한가해졌어요.

 "대왕님, 이게 모두 대왕님 덕분입니다. 지금까지 잠도 못 자고 일만 하던 간호사들도 지금은 쉴 수 있게 되었습니다."

아이들도 '일등 연필'이라는 표시 덕분에 좋은 연필을 고를 수 있게 되어서 기뻐했어요.

그 동안 예쁜 연필만 찾던 아이들도 친구들을 따라서 일등 연필을 골라서 썼죠.

"하하하, 이제야 건강한 연필 나라가 되었구나. 이렇게 기쁠 수가!"

이제야 대왕은 잃었던 웃음을 되찾았어요.

그 후 이웃의 공책 나라와 지우개 나라에서도 앞다투어 일등 공책과 일등 지우개를 고르느라 바빠졌답니다.

## KS 마크란 무엇일까요?

물건을 살 때는 무엇을 보고 사나요? 쉽게 물건을 고르는 방법 하나 알려 드릴게요. 물건을 자세히 살펴보면 한 귀퉁이에 작은 마크가 보일 거예요. KS 마크도 있고, 품 마크도 있죠. 이것은 모두 제품이 일정한 시험에서 합격했다는 것을 의미합니다.

그 중에서도 가장 대표적인 KS 마크는 한국공업규격에 맞는 물건이라는 뜻이에요. 우리 나라 사람들이 사용하기에 가장 알맞은 제품이라는 뜻이죠.

공장에서 어떤 물건을 만들 때 물건의 모양이나 크기를 이 KS 규격에 맞추어야 한답니다. 그렇지 않고 제멋대로 만들어 버리면 불량 제품이 되지요.

품 마크는 품질이 좋은 제품이라는 뜻이에요. 그래서 어떤 물건에는 KS 마크와 품 마크가 나란히 찍혀 있기도 하지요.

이런 마크들은 사람들이 물건을 믿고 사게 하기 위해 만든 것이랍니다.

## 규격 봉투는 왜 만들었을까요?

　우편물을 신속하고 정확하게 배달하기 위해 만든 것이 바로 규격 편지 봉투랍니다. 우체국에는 하루에도 수만 통의 우편물이 쌓여요. 그런데 봉투의 모양마저 각양각색이라면 집배원 아저씨들이 정리하기가 힘들어진답니다. 그래서 규격 봉투를 만든 거예요.

　규격 봉투는 가로가 9센티미터에서 12센티미터이고, 세로는 14센티미터에서 23.5센티미터까지예요. 만일 편지를 보낼 때 이 규격에 어긋난 봉투에 넣어서 보내면 그만큼 돈을 내야 한답니다.

## 유리창에 쓴 비밀 이야기

　유리에 연필로 아무리 많은 글씨를 써도 써지지 않는 이유는 유리가 너무 매끄럽기 때문입니다. 글씨는 종이의 거친 면에 연필심이 묻어나서 쓰이는 것인데 유리의 면은 매끈하기 때문에 글씨가 써지지 않는답니다. 매끈한 건 유리뿐 아니라 비닐도 마찬가지지요.

 씽크탱크

# 사람들은 언제부터 연필을 썼을까요?

　타임머신을 타고 원시 시대로 날아간 꼬질 박사님에게 원시인이 다가왔어요.

　"우가갸거? (그게 뭐냐?)"

　꼬질 박사님이 들고 있던 연필로 커다란 바위에 사자를 그렸죠. 그랬더니 사자를 무서워하는 원시인은 도망을 갔어요.

　이번에는 작은 돌에 물고기를 그렸는데 원시인은 한 입에 돌을 삼켰어요. 진짜 물고기인 줄 알고 말이에요.

　연필이 없던 옛날에는 어떻게 그림을 그렸을까요? 아주 옛날에는 동굴 벽에 돌로 그림을 그렸어요.

　그리고 조금 지나서부터는 꽃물이나 동물 피로 그림을 그렸어요.

　그 후 영국의 광산에서 흑연이 발견되기는 했지만 벽에 글씨를 쓸 때만 사용했어요.

　그러다 1795년 프랑스의 콩트라는 사람이 흑연가루를 진흙과 함께 굽는 방법을 발견했어요. 그래서 연필이 생겨났지요. 지금도 화가들은 콩트가 만든 연필로 밑그림을 그린답니다.

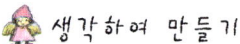 생각하여 만들기

# 우리도 할 수 있어요

햇님이 방긋 웃는 어느 날 아침이었어요.

숲 속 다람쥐네 집이 떠들썩해요.

오늘은 아빠다람쥐가 시소를 만들어 주기로 한 날이거든요.

아빠다람쥐는 톱으로 쓱싹쓱싹 나무를 잘랐어요. 그런 다음 쉭쉭쉭 대패질도 하고, 망치로 뚝딱뚝딱 못도 박았어요.

"자, 이제 손잡이만 만들면 되겠구나."

아빠다람쥐가 허리를 펴며 말했어요. 그 때 옆집에 사는 토끼 아저씨가 찾아왔어요.

"이보게, 당근밭 가는 것 좀 도와 주게나."

그러자 아빠다람쥐는 망치를 내려놓으며 알록이와 달록이에게 말했어요.

"애들아, 손잡이는 내일 만들어 줄 테니 조금만 기다리렴."

아빠다람쥐는 토끼 아저씨와 함께 당근밭으로 갔어요.

알록이와 달록이는 빨리 시소를 타고 싶었어요.

"아무래도 안 되겠어. 그냥 우리가 손잡이를 만들어 보자."

"그래, 좋아."

알록이와 달록이는 아빠가 잘라 놓은 나무를 이용해서 손잡이를 만들기 시작했어요.

뚝뚝뚝 딱딱딱!

둘은 서로 도와 가며 손잡이 만드는 일에 열중했어요.

해가 뉘엿뉘엿 질 때였어요.

"이야, 우리가 손잡이를 완성했어!"

"그럼 한번 타 볼까?"

알록이와 달록이는 얼른 시소 위에 앉았어요.

알록이와 달록이는 마치 방아를 찧는 것처럼 쿵더쿵 쿵더쿵 시소를 탔어요.

그 때 집으로 돌아온 아빠다람쥐가 물었어요.

"아니, 이게 어찌 된 거니?"

"우리 둘이서 만들었어요."

"정말 이걸 둘이서 만들었어? 그러고 보니 우리 쌍둥이들도 다 컸구나!"

아빠다람쥐는 흐뭇하게 웃으며 알록이와 달록이의 머리를 쓰다듬어 주었어요.

그 날 밤, 알록이와 달록이는 꿈에서도 쿵더쿵 쿵더쿵 시소를 타며 놀았답니다.

## 예전에 비해 더 편리해진 도구에는 무엇이 있을까요?

도구는 무엇을 만들거나 일을 할 때 쓰이는 여러 가지 물건을 말해요. 도구 덕분에 사람들은 힘을 덜 들이고 큰 일을 할 수 있게 되었지요.

아주 옛날 사람들은 돌이나 나뭇가지를 도구로 사용했어요. 막대 끝에 돌을 매달아 짐승을 잡았고, 지렛대나 통나무 굴림대를 이용해 커다란 돌을 나르기도 했지요. 그 뒤 철이 발명되면서 송곳, 톱, 손칼, 망치, 못, 대패, 가위 등 편리한 도구가 만들어졌어요.

여러분이 흔히 쓰는 연필깎이만 해도 예전에 비하면 굉장히 편리해진 도구지요. 전에는 연필을 칼로 깎다가 종종 손을 베기도 했거든요. 하지만 요즘에는 연필깎이 덕분에 손을 베일 염려가 없어요. 이 밖에도 전기 청소기, 세탁기, 텔레비전의 리모컨, 엘리베이터, 에스컬레이터, 무선 전화기, 휴대폰, 컴퓨터 등 많은 도구가 발명되어 옛날에 비해 우리의 생활이 훨씬 편해졌답니다.

## 구와미족 남자들의 면도기

파나마에 사는 구와미족 남자들은 면도할 때 면도날이나 전기 면도기를 사용하지 않아요. 그들은 면도기 대신 야생 억새풀을 사용해요.

구와미족 남자들은 수염이 자라면 곧장 들판으로 나가요. 그리고 야생 억새풀 줄기 밑동을 잡고 수염을 깎지요. 그들이 사용하는 야생 억새풀에는 씨가 달려 있는데, 그 씨의 표면이 마치 깨진 유리 조각처럼 날카롭게 생겨 면도기 역할을 하는 거예요.

## 동물들도 도구를 이용해요

사람만 도구를 이용해 생활하는 건 아니에요. 다른 동물들도 도구를 이용하지요. 침팬지는 딱딱한 껍질 안에 든 열매가 먹고 싶을 때 그것을 돌로 깨서 먹어요. 수달도 마찬가지예요. 수달의 발톱은 흙을 파지도 못할 만큼 약하기 때문에 딱딱한 먹이를 깨뜨리는 건 생각할 수도 없어요. 그래서 조개를 먹을 때는 돌을 이용한답니다.

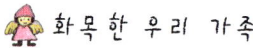 화목한 우리 가족

# 토돌이의 생일 잔치

"와, 신난다."

토돌이는 아침에 눈을 뜨자마자 기지개를 켜면서 소리쳤어요.

토돌이는 얼마 전부터 오늘만을 손꼽아 기다렸어요. 오늘이 토돌이의 생일이거든요.

토돌이는 벌떡 몸을 일으켜 부엌으로 뛰어가 엄마토끼를 찾았어요.

"토돌이 일어났구나. 생일 축하한다."

엄마토끼가 활짝 웃으며 말씀하셨어요.

"엄마, 빨리 맛있는 거 해 주세요."

마음이 급한 토돌이는 엄마토끼의 얼굴을 보자마자 졸라댔어요.

"원, 성격도 급하기는, 엄마가 어련히 알아서 해 줄까 봐 그러니?"

"그래도 빨리요."

찡찡거리는 토돌이에게 엄마가 다시 물었어요.

"네 친구들이 오기로 한 시간에 맞춰서 음식을 장만해야지. 미리 해 놓으면 음식이 식어 버려 맛이 없잖아. 그건 그렇고 친구들은 몇 시에 오라고 했니?"

엄마토끼의 말에 토돌이는 조금 망설이는 듯하다가 이내 자신 있게 말했어요.

"조금 있으면 올 거예요."

"그래, 알았다. 엄마가 빨리 맛있는 음식을 준비해 두마."

"네, 엄마!"

토돌이는 신이 나서 깡충깡충 뛰어 방으로 돌

아왔어요. 그런데 친구들을 생각하니 왠지 마음이 놓이지 않았어요.

'내가 전에 이야기를 하긴 했는데, 혹시 기억을 못 하는 건 아닐까?'

잠시 생각에 잠겼던 토돌이는 고개를 절래절래 흔들며 혼잣말을 했어요.

"아니야, 아닐 거야. 모두들 잊지 않고 찾아오겠지 뭐!'

사실 토돌이는 친구들을 정식으로 초대한 것이 아니었어요. 그냥 흘리는 말로 자기 생일날 오라고 했거든요. 그것도 너무 오래 전에 말해 놓은 터라 걱정이 될 수밖에요. 하지만 토돌이는 친구들을 믿었어요. 당연히 자기의 생일을 기억할 거라고 말이에요.

한편 토돌이의 말을 듣고 난 엄마토끼는 갑자기 바빠졌어요.

'음식을 빨리 준비해야겠는걸.'

엄마토끼는 부엌에서 달그락달그락 음식 준비를 하느라 정신이 없었어요.

"여보, 저 좀 도와 줘요."

마침내 엄마토끼는 아빠토끼를 불렀어요.

"내가 할 일이 뭐요?"

아빠토끼가 자상하게 물었어요.

"여보, 밭에 가서 당근 좀 뽑아다 줘요. 토돌이 생일인데 제일 맛있는 당근이 빠지면 안 되잖아요."

"허허허, 알겠소."

아빠토끼는 얼른 밭으로 달려가서 크고 맛있는 당근을 여러 개 뽑아 왔지요.

엄마토끼는 아빠토끼가 뽑아 온 당근으로 맛있는 요리를 준비했어요.

지글지글 보글보글!

음식 준비는 어느 정도 다 된 듯했어요. 그런데 한 시간, 두 시간이 지나도록 토돌이의 친구들이 나타나지 않았어요.

"토돌아, 애들이 왜 이렇게 안 오는 거니?"

엄마토끼가 물었어요.

"이제 곧 올 거예요."

토돌이는 여전히 자신 있게 대답했어요.

하지만 마음 속으로는 은근히 걱정이 되었어요. 엄마토끼가 상까지 다 차려 놓았는데 친구들이 오지 않으니 말이에요.

시간이 점점 흐를수록 토돌이는 초조해지기 시작했어요.

'너무해, 다들 너무해. 내 생일을 모두 잊어버리다니…….'

친구들을 기다리던 토돌이는 그만 슬퍼서 눈물을 흘리고 말았어요.

그렇게 혼자서 흐느끼고 있을 때였어요.

"토돌아, 생일 축하해!"

밖에서 친구들이 합창하는 소리가 들렸어요.

"아, 왔구나!"

토돌이는 좋아서 정신 없이 뛰어나갔어요.

대문 밖에는 토순이와, 토식이, 토토와 토치, 그 밖에도 많은 친구들이 선물을 들고 와서 활짝 웃고 서 있었어요.

"너희들 와 주었구나!"

토돌이는 좋아서 목이 메일 지경이었어요.

"초대를 해야지, 우리들은 네 생일을 정확하게 몰랐단 말야."

토순이가 말했어요.

"그래, 엄마가 전화해 보니까 모두 모르고 있던 걸. 이럴 때는 정식으로 초대장을 보내는 것이 좋아."

알고 보니 엄마토끼가 친구들에게 연락을 한 것이었어요.

"미안해. 내가 잘 알려 주지도 않고 너희들에게 섭섭해만 하고 있었단다."

토돌이도 오늘의 일을 반성했어요.

"자, 그럼 생일 잔치를 시작해 볼까?"

엄마토끼가 빙그레 웃으며 케이크에 불을 붙이려는 순간 토식이가 말했어요.

"잠깐만요. 맛있는 음식을 먹으려면 손을 깨끗이 씻어야 하잖아요."

"어머머, 초대를 받았으면 미리미리 손을 씻고 와야지. 나는 집에서 씻고 왔는걸."

깔끔이 토순이가 식탁 의자에 앉으며 말했어요. 나머지 친구들이 손을 씻고 오는 동안 토돌이, 토순이와 엄마, 아빠토끼는 기다렸어요.

그런 다음 모두들 생일상 앞에 둘러앉아 즐거운 시간을 보냈어요.

**궁금증 해결**

## 국경일은 어떤 날인가요?

국경일은 나라의 경사스러운 날을 기념하기 위해 법률로 지정한 날이에요.

우리 나라의 4대 국경일은 3·1절(3월 1일), 제헌절(7월 17일), 광복절(8월 15일), 개천절(10월 3일)이지요.

3·1절은 1919년 3월 1일 우리 민족이 일본에 항거하여 독립 만세를 외친 날이에요.

제헌절은 1948년 7월 17일에 대한민국 헌법이 제정·공포된 것을 기념하는 날이에요.

광복절은 1945년 8월 15일 일본에게 빼앗겼던 나라를 되찾은 것을 기념하는 날이자, 1948년 8월 15일에 우리 나라 정부가 수립된 것을 기념하는 날이지요.

개천절은 단군이 처음으로 우리 나라를 세운 것을 기념하는 날이에요.

국경일은 공휴일로 정해져 있어 모두 이 날을 기념하며 쉬도록 되어 있지요. 국경일에는 태극기를 달고, 그 날이 갖는 의미를 되새겨 보도록 하세요.

### 놀라운 상식 백과

## 가족의 여러 가지 행사

가족의 중요한 행사에는 생일, 결혼식, 돌잔치 같은 즐거운 날을 기념하는 것도 있고, 제사나 장례식처럼 슬픈 날도 있어요. 또 입학식이나 졸업식과 같은 기념일도 있지요. 중요한 명절로는 음력 1월 1일인 설날과 음력 1월 15일인 정월대보름, 음력 5월 5일인 단오, 음력 8월 15일인 추석이 있어요.

## 국경일 외의 기념일

국경일 외에 정부가 정한 기념일도 있어요.
4월 5일은 나무를 심는 식목일, 5월 5일은 어린이날, 5월 8일은 어버이날, 5월 15일은 스승의 날, 6월 6일은 나라를 위해 목숨을 바치거나 애쓴 분들을 위한 현충일, 10월 1일은 국군의 날, 10월 9일은 세종 대왕이 만든 한글을 기념하는 한글날이지요. 또 음력 4월 8일은 부처님이 태어나신 석가탄신일이고, 12월 25일은 예수님이 태어나신 크리스마스 날이랍니다.

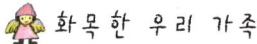

화목한 우리 가족

# 아기돼지들의 눈물

"꿀꿀꿀꿀, 꿀꿀꿀꿀!"

아기돼지 여섯 마리가 엄마돼지 품에서 열심히 젖을 먹고 있었습니다.

"천천히들 먹거라."

엄마돼지가 아기돼지들을 타일렀지만 모두들 젖을 먹느라 정신이 없었습니다.

"자, 이제 그만 먹고 나가 놀아라. 엄마는 집안 일을 해야 하니까 말야."

아기돼지들이 밖에서 놀고 있는 동안 엄마돼지는 아기돼지들이 늘어놓은 집안을 치우고 식사

준비를 했습니다.

 여섯 마리의 아기돼지를 키우다 보니 엄마돼지는 제대로 쉬지도 못하고 늘 많은 일을 해야만 했습니다.

 "녀석들이 어찌나 늘어놓는지 치워도 치워도 끝이 없구나."

 엄마돼지가 혼잣말을 할 때 셋째가 엄마돼지의 말을 듣게 되었습니다.

 '그래, 엄마 혼자 너무 힘드실 거야. 우리가 엄

마를 도와 드리기는커녕 잔뜩 늘어놓기만 했어.'

셋째는 다른 형제 돼지들에게 가서 이 이야기를 했습니다.

"우리도 이젠 엄마를 도와 드리자."

셋째의 말에 다른 아기돼지들도 모두 고개를 끄덕였습니다.

"그런데 어떻게 엄마를 도와 드려야 하지? 우리가 할 수 있는 일이 있을까?"

둘째의 질문에 모두들 아리송한 표정을 지었습니다.

"글쎄, 잘 모르겠는걸."

다들 눈만 말똥말똥 굴리고 있을 때였습니다.

"그래! 생각났다. 바로 그거야!"

막내인 여섯째가 손뼉을 치며 말했습니다.

"뭔데?"

그러자 막내가 작은 목소리로 말했습니다.
"그래, 그게 좋겠다."
막내의 이야기를 다 듣고 난 다른 돼지들도 모두 그 의견에 찬성했습니다.
저녁이 되었습니다.
"날이 어둑어둑해지는데 애들이 왜 안 들어오는 거지?"
엄마돼지는 아기돼지들이 걱정되어 밖으로 나가 보았습니다.
"아니, 너희들! 이게 어떻게 된 일이니?"
밖으로 나갔던 엄마돼지는 온몸이 전부 흙투성이가 된 아기돼지 여섯 마리를 보고 놀라 입을 떡 벌렸습니다.
"엄마, 죄송해요!"
엄마돼지를 본 아기돼지들은 그만 엄마돼지에게 달려들더니 모두 울음을 터뜨렸습니다.
"도대체 무슨 일이야?"

엄마돼지가 재촉하자, 첫째가 기어들어가는 소리로 말했습니다.

"엄마를 도와 드리려고 밭일을 하다가 전부 흙만 뒤집어썼어요. 오히려 일을 더 망쳐 놨지 뭐예요. 으아앙!"

첫째가 울자 나머지 아기돼지들도 모두 소리를 모아 더 크게 울었습니다.

엄마돼지는 그제서야 모든 것을 알아채고는 아기돼지들의 등을 두드리며 달랬습니다.

"괜찮다, 괜찮아. 울지들 말거라."

이 때 밖에서 일을 마치고 집으로 돌아온 아빠돼지가 이 모습을 보게 되었습니다.

"아니, 무슨 일이 있었소?"

엄마돼지가 있었던 일을 설명했습니다.

"그랬구나. 너희들이 엄마를 돕겠다고 생각한 것은 기특하지만 누구에게나 자기의 역할이 따로 있는 거란다. 아빠의 역할과 엄마의 역할,

그리고 너희들에게는 너희들의 역할이 따로 있지. 너희들이 꼭 엄마를 돕고 싶다면 방을 깨끗이 쓰거나 늘어놓은 장난감을 정리하렴. 그거야말로 엄마를 기쁘게 해 드릴 수 있는 방법이란다."

아빠돼지의 말씀에 아기돼지들은 모두 고개를 떨구었습니다.

"이제 알았으면 됐다. 모두 깨끗이 씻고 자자."

늦은 밤, 엄마돼지와 아빠돼지는 행복한 미소를 지으며 아기돼지들을 바라보았습니다.

궁금증 해결

## 정부는 어떤 역할을 하나요?

나라의 일을 맡아보는 정부에서도 그 업무와 역할이 나뉘어 있어요.

정부는 국회에서 만든 법률에 따라 대통령을 중심으로 많은 공무원들이 나라의 살림을 맡아 보는 곳이지요.

정부의 최고 책임자는 대통령이에요.

대통령은 국가의 원수로서 외국에 대하여 국가를 대표하고, 행정에 관한 최고의 권한을 가져요. 또한 대통령은 다른 국가로부터 우리 국가의 독립을 지키고, 영토의 보전 및 헌법을 지킬 의무가 있어요.

우리 나라의 행정부는 외무부, 내무부, 법무부, 국방부, 교육부, 문화 체육부, 농림 수산부, 통상 산업부, 정보 통신부, 환경부, 보건 복지부, 노동부, 건설 교통부로 나뉘어요.

이 모든 부서와 대통령이 각각의 역할을 제대로 해야 나라의 살림이 바로 꾸려질 수 있어요. 물론 국민들의 단합된 힘과 나라 사랑하는 마음도 빼놓아서는 안 되죠.

**놀라운 상식 백과**

## 동물 세계에도 역할이 있나요?

물론 있어요. 예를 들어 사자의 세계에서는 암놈이 먹이를 잡고 숫놈은 적으로부터 무리를 지키는 역할을 해요.

또 개미들도 각각 그 역할이 다르답니다.

여왕개미는 알을 낳는 일을 맡고 있고, 일개미는 집을 만들고 알이나 애벌레를 돌보며, 수개미는 여왕개미와 짝짓기를 하는 역할을 맡고 있지요.

## 가족 역할극을 해 보세요.

가족 역할극은 가족들이 서로 역할을 바꾸어서 극으로 꾸며 보는 일이에요. 이 역할극을 통해 가족들은 다른 사람의 입장과 어려움을 이해할 수 있게 된답니다.

다양한 소도구를 이용하고 몸짓과 표정 또는 말투를 흉내내어 해 보세요.

놀이가 주는 즐거움과 함께 많은 깨달음을 얻게 될 거예요.

# 애완 동물을 방에서 길러도 될까요?

개와 고양이는 사이가 나쁘기로 유명하죠? 강산이네 개와 고양이도 마찬가지예요. 둘이 잘 노는가 싶다가도 조금 있다가는 어김없이 싸우곤 하거든요.

"누구야! 누가 잘못한 거냐고?"

오늘은 싸움을 말리던 강산이까지 억울하게 누명을 썼군요. 같은 방에서 나란히 벌을 서고 있는 강산이와 개와 고양이. 셋 다 입이 삐죽 튀어나왔어요.

사실 개나 고양이 같은 애완 동물은 되도록 밖에서 기르는 것이 좋아요. 개나 고양이와 함께 잔다든가 뽀뽀를 하는 것은 더욱 좋지 않고요. 왜냐 하면 개나 고양이가 가지고 있는 나쁜 병을 사람에게 옮길 수도 있거든요. 특히 밖에 나가서 노는 것을 좋아하는 개나 고양이라면 다른 동물들에게서 나쁜 기생충과 전염병을 옮아 올 수도 있으니까요.

개가 걸리기 쉬운 '피델리아'라는 병과 고양이가 잘 걸리는 '토키소플라즈마'라는 병은 사람에게 옮기 쉬워요. 또 여성들이 그런 병에 걸리면 기형아를 낳는 일도 있다니까 정말 조심해야겠죠?

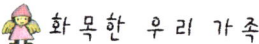 화목한 우리 가족

# 딸꾹질아, 멈춰 다오

"엄마가 왜 이렇게 안 오시지?"
 꼭지는 창 밖을 바라보며 엄마를 기다리고 있었습니다.

 꼭지야, 오늘 엄마 아빠가 좀 늦을 거란다. 그러니까 밥이랑 반찬 잘 챙겨 먹고 숙제하고 있거라.

 엄마가 남겨 놓은 쪽지가 덩그러니 식탁 위에 놓여 있었습니다.

"오실 때가 됐는데……."

날이 조금씩 어두워지고 있었습니다.

꼭지는 엄마가 차려 놓으신 밥을 먹었습니다. 혼자 먹는 밥이라 맛이 없었습니다. 그리고 과자를 먹으면서 만화 영화를 보았습니다.

만화 영화를 보는 동안은 엄마 아빠 생각이 나지 않았는데, 만화가 끝나고 나니 다시 엄마 아빠 생각이 났습니다.

"엄마 아빠는 정말 너무해!"

집 안은 고요하기만 했습니다.

조용한 집에 혼자 있다 보니 온갖 무서운 이야기가 생각나기 시작했습니다.

친구한테 들은 달걀 귀신 이야기, 몽달 귀신 이야기, 화장실 귀신 이야기, 책에서 읽은 도깨비 이야기, 호랑이 이야기, 여우 이야기, 텔레비전에서 본 무서운 장면 등등 모든 것이 너무나 생생하게 떠올랐습니다.

"아이, 무서워!"

꼭지는 얼른 이불을 뒤집어썼습니다. 그리고 눈을 꼭 감은 채 꼼짝도 하지 않았습니다.

그 때였습니다.

'딸꾹, 딸꾹……'

갑자기 딸꾹질이 나기 시작했습니다.

"아이, 깜짝이야!"

꼭지는 자기가 한 딸꾹질에 스스로 놀랐습니다. 집이 너무 조용했기 때문에 딸꾹질 소리가 보통 때보다 크게 들린 것입니다.

"왜 딸꾹질이…딸꾹…나는 걸까?…딸꾹…딸꾹 딸꾹."

꼭지는 연달아 딸꾹질을 했습니다.

딸꾹질을 멈추어 보려고 물을 마셔 보기도 하고, 코를 막고 숨을 참아 보기도 했습니다. 그렇지만 소용이 없었습니다.

"딸꾹 딸꾹, 딸꾹 딸꾹!"

딸꾹질은 끊임없이 나왔습니다.
'난 몰라, 꼭 귀신 소리 같잖아.'
순간 꼭지는 더욱 불안해졌습니다.
"딸꾹 딸꾹, 딸꾹 딸꾹! 아이 참."
꼭지는 자신의 딸꾹질 소리가 마치 귀신 소리

처럼 들려 울상이 되었습니다.

'딸꾹질아, 멈춰 다오.'

마음 속으로 빌어 보기도 했습니다. 그래도 딸꾹질은 계속되었습니다.

어쩔 줄 몰라하던 꼭지는 창 밖에서 꼬리를 흔들며 자기를 바라보는 강아지 다롱이를 보았습니다. 그 옆에는 고양이 아롱이도 있었습니다.

"딸꾹 딸꾹! 그래, 다롱이와 아롱이가 있었지? 딸꾹 딸꾹!"

꼭지는 얼른 밖으로 나갔습니다. 그리고 마당에 있던 다롱이와 아롱이를 마루로 데리고 들어왔습니다.

"멍멍! 멍멍!"

밖에 있던 강아지 다롱이는 마루 위로 올려 놓자 좋아서 어쩔 줄 몰라하며 이리 뛰고 저리 뛰며 호들갑을 떨었습니다.

"야옹야옹!"

이에 질세라 고양이 아롱이도 왔다갔다 하며 좋아했습니다.

"그렇게 좋으니?"

꼭지도 다롱이, 아롱이와 함께 있으니 무서움이 좀 가시는 것 같았습니다.

"애들아, 이리 와서 나랑 같이 놀자."

기분이 좋아진 꼭지는 다롱이와 아롱이를 껴안았습니다.

"어? 그러고 보니 딸꾹질도 멈췄잖아. 아무래도 무서워서 딸꾹질이 났나 보네. 그렇지, 다롱아, 아롱아?"

꼭지는 일부러 다롱이와 아롱이에게 말을 걸었습니다. 그런데 다롱이와 아롱이는 꼭지의 말을 알아듣는 건지 어떤 건지 그저 집 안을 뛰어다니기에 바빴습니다.

그 바람에 엄마가 깨끗이 치워 놓은 집 안은 다롱이와 아롱이의 발자국으로 엉망이 되었습니다.

"하지만 어쩔 수 없는걸."

꼭지는 딸꾹질도 멈추고 무서움도 가신 것이 좋을 뿐이었습니다.

그러는 사이에 엄마 아빠가 돌아오셨습니다.

"아니, 아롱이와 다롱이가 왜 집 안까지 들어와

있는 거니?"

엄마와 아빠는 지저분해진 방과 마루를 보고 깜짝 놀랐습니다.

"너무 무서워서 제가 데리고 들어왔어요."

꼭지는 그만 울음을 터뜨렸습니다.

"아앙! 왜 이리 늦게 오신 거예요. 얼마나 무서웠는 줄 아세요? 게다가 딸꾹질까지 나는 바람에……."

"우리 꼭지가 혼자서 많이 무서웠나 보구나. 엄마가 좀더 일찍 왔어야 했는데, 정말 미안하다."

엄마는 꼭지의 머리를 쓰다듬어 주셨습니다.

이 모습을 보고 있던 아롱이와 다롱이도 꼬리를 흔들며 좋아했습니다.

## 어떤 동물들이 가족을 이루어 사나요?

동물들 중에는 가족 단위 또는 몇 가족 단위가 함께 무리를 지어 사는 것도 있고, 어느 정도 성장한 뒤에는 각각 흩어져서 살아가는 종류도 있어요.

곰은 약 2년간 새끼들을 보호하며 무리를 지어 살아요. 원숭이는 무리를 짓지 않고 단독으로 생활하는 것도 있고, 떼를 지어 사는 것도 있어요.

얼룩말들도 무리를 지어 다니는데, 보통 수컷 한 마리와 그에 딸린 암컷과 새끼 10마리 정도가 한 가족을 이루어요. 이 가족들이 한데 모여 수백, 수천 마리의 집단을 이루어 생활한답니다.

사자 역시 가족 단위로 생활하는 대표적인 동물 중 하나예요. 주로 밤에 활동을 하는 하이에나도 무리를 지어 다녀요.

젖을 먹고 자라는 젖먹이 동물 중에는 새끼가 태어난 후에도 어미가 6개월 넘게 주머니 속에 넣고 지내는 캥거루와, 어미의 주머니 밖에서 나온 뒤에도 1~2년 동안 어미의 등에 매달려 지내는 코알라도 있지요.

## 다양한 봉사 활동

여러 가지 봉사 활동을 통해 사랑과 감사의 마음을 전할 수가 있어요. 돈으로 돕지 않아도 마음만 있으면 얼마든지 가능한 것이 봉사 활동이랍니다. 고아원이나 양로원에 정기적으로 찾아가 그들을 기쁘게 해 드리는 일이 바로 여러분이 할 수 있는 봉사 활동이에요. 작게는 길가의 휴지를 줍는 일, 무거운 짐을 든 사람을 돕는 것 역시 봉사에 속한답니다.

## 부모님께 감사의 마음을 어떻게 표현할까요?

먼저 "감사합니다." "고맙습니다."라고 자주 말해 보세요. 또 부모님의 생신이나 어버이날 같은 때는 선물을 준비하세요. 선물은 비싸고 좋은 물건이 아니어도 여러분의 정성이 들어간 것이면 돼요. 또 부모님께 편지를 자주 쓰세요. 말로는 하지 못했던 이야기도 쉽게 할 수 있을 거예요.

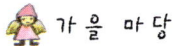  가을 마당

# 가을 이야기

"으아아아! 이제 남쪽으로 가 봐야겠군."

북쪽 나라에서 잠을 자던 가을은 이제 남쪽 나라로 가야 했어요.

남쪽 나라는 지금 여름이 한창이에요. 어찌나 무덥던지 사람들은 얼른 가을이 오기를 기다리고 있답니다.

그런데 이게 웬일이죠? 남쪽 나라에 도착한 가을은 놀라서 눈이 동그래졌어요.

"우리는 가을이 싫어!"

"가을, 절대 오지 마!"

"물러가라! 가을!"

온 산의 나무들과 꽃들이 이렇게 소리를 지르고 있지 뭐예요.

가을은 굵은 소나무를 찾아갔어요.

"소나무님, 도대체 어떻게 된 일인가요?"

소나무는 종달새를 시켜서 꽃들과 나무들을 불러모았어요.

"어험, 너희들이 가을님을 오지 못하게 했다는데 왜들 그러는 거냐?"

꽃과 나무들은 얼굴을 찡그리고 있었어요.

맨 먼저 손바닥만한 이파리들을 휘날리면서 상수리나무가 걸어 나왔어요.

"우리는 가을이 오는 게 싫어요. 가을이 오면 이 파랗고 예쁜 잎들이 보기 싫게 떨어져 버려요. 그리고 우리 몸도 바싹바싹 말라 버릴 게 틀림없어요. 내가 태어나고 가을이 세 번 왔는데, 매번 그랬어요. 정말 참을 수 없다고요."

"맞아요. 나무님들이 그러는데 우리 꽃들은 가을이 오면 죽어 버린다고 했어요. 우리 엄마도 작년 가을에 죽었대요. 전 죽기 싫어요. 흑흑흑."

코스모스는 눈물까지 흘렸어요.

"이걸 어쩌나. 그냥 갈 수도 없고……."

가을은 고민에 빠졌어요.

"우리는 정말 가을이 싫어!"

"그래, 가을은 어서 북쪽으로나 가 버려."

꽃과 나무들이 또 소리를 질렀어요. 가을은 점점 얼굴이 빨갛게 달아올랐어요.

"왜 나한테 그러는 거야? 나도 하느님의 심부름으로 여기에 온 거라고!"

가을은 버럭 소리를 질렀어요. 꽃과 나무들은 눈을 동그랗게 뜨고 가을을 쳐다봤어요.

"단풍나무 아저씨는 빨갛게 단풍이 들어야 예쁘다고 해서 이름도 단풍나무잖아요. 아마 아저씨의 잎이 계속 초록색이라면 아무도 보러 오지 않을걸요."
"맞아. 단풍이 들지 않는다면 볼품 없을 거야."
단풍나무 아저씨는 잎을 축 늘어뜨렸어요.
"그리고 코스모스 아가씨, 나는 아가씨가 태어날 수 있도록 작년 가을에 씨앗을 만들어 주었어요. 물론 아가씨의 엄마는 하늘 나라로 갔지만, 대신 예쁜 아가씨가 세상에 태어났잖아요."
코스모스 아가씨도 할 말이 없어졌어요.
"여러분, 나는 여러분을 죽이거나 볼품 없이 만들려고 온 게 아니에요."
가을이 신중하게 설명을 이어 갔어요.
"나는 나무들이 단풍 들고, 열매를 맺게 하죠. 그리고 꽃들에게도 씨앗을 만들어 줘요. 겨울 동안 단단한 껍질 안에서 추위를 피하고 따뜻한 봄이 오면 꽃이 피어날 수 있도록 하는 거예요. 그리고 겨울을 잘 날 수 있도록 나무를 마르게 하고, 나뭇잎들을 떨어뜨려 주죠. 떨어진 나뭇잎들은 뿌리에 영양분도 준답니다. 이래도 나를 계속 미워할 거예요?"

꽃과 나무들은 고개를 숙이고는 모두 자기 자리로 돌아갔어요. 가을은 한숨을 내쉬었죠.

"후유, 이제야 내 일을 할 수 있게 됐군. 여러분, 고마워요."

"천만의 말씀, 어서 세상을 예쁘고 아름답게 물들여 주세요."

가을은 부지런히 산꼭대기로 올라갔어요. 원래 단풍은 꼭대기부터 들어야 예쁘잖아요.

**궁금증 해결**

## 단풍은 왜 들까요?

단풍이 드는 이유는 나뭇잎이 가지고 있던 엽록소를 잃기 때문입니다.

나뭇잎은 봄과 여름 동안 햇빛을 받으면서 잎 속에 초록색의 엽록소를 듬뿍 만들어 놓습니다. 이 엽록소 때문에 나뭇잎이 푸르게 보이는 것이지요.

하지만 가을이 되어 날씨가 추워지고 햇볕이 적게 들면 나뭇잎들은 점점 엽록소를 만들지 않게 됩니다.

그래서 나뭇잎이 원래 가지고 있던 색으로 변하는 것입니다.

나뭇잎들도 사람과 같아서 원래의 색깔은 제각각 다릅니다. 나뭇잎마다 빨강이나 노란색, 초록색의 색소가 원래부터 나뭇잎 속에 들어 있거든요.

그렇기 때문에 여름에는 모두 똑같이 초록색으로 보이던 잎들이 가을이 되면 빨간색, 노란색 등 모두 다른 색으로 보이는 것입니다.

**놀라운 상식 백과**

## 소나무도 낙엽이 진다고요?

흔히 소나무나 전나무처럼 단풍이 들지 않는 나무들은 낙엽도 지지 않는다고 생각하기 쉬워요. 하지만 그런 나무들도 1년 내내 조금씩 낙엽을 떨구고 있어요.

단지 그 속도가 너무 느려 우리 눈에 잘 보이지 않을 뿐이랍니다. 산에 올라가 보면 노랗게 색깔이 변해서 나무 아래 떨어져 있는 뾰족뾰족한 잎들을 볼 수 있지요? 바로 그것이 소나무의 낙엽이에요.

## 응애! 응애! 아기 낳는 나무, 홍수

식물 중에는 아기를 낳는 식물도 있습니다. 그 이름은 바로 홍수. 맹그로브라고도 불리는 홍수의 씨앗은 나무 위에서 새싹을 틔우고 뿌리를 뻗습니다. 새싹이 약 10센티미터 정도 자라고 나면 바다로 떨어지죠.

이 홍수는 바닷바람과 파도의 피해를 막아 주기 때문에 인도와 말레이시아의 바닷가에서는 흔히 볼 수 있답니다.

 씽크탱크

# 과일의 색깔은 왜 모두 다를까요?

　들판에 가을이 왔어요. 잘 익은 과일들은 저마다 자기 옷이 제일이라고 자랑을 하네요.
　욕심꾸러기 토끼가 과일들이 싸우는 소리를 듣고 꾀를 냈어요. 토끼는 과일들에게 개성 있는 색깔을 칠하라고 하고선 하나씩 먹어 보겠다고 하는 거예요. 과일들은 질겁을 하고 도망을 쳤어요.
　하지만 빠른 토끼에게서 도망가기란 쉽지 않았어요.
　"음, 노란 바나나도 맛있고, 빨간 사과도 주황색 감도 노란 배도 모두 맛있는걸."
　욕심꾸러기 토끼는 과일들을 전부 먹어 버렸어요.
　모든 과일들이 저마다의 색깔을 띠는 것은 과일이 가지고 있는 색소가 다르기 때문이에요.
　바나나, 감, 귤처럼 노란색에 가까운 과일들에는 카로티노이드라고 부르는 색소가 많이 들어 있어요. 포도처럼 진한 색깔은 안토시안이라는 색소 때문이고요. 또 무화과와 수박, 토마토, 딸기는 갖가지 색소를 다 가지고 있답니다. 한 가지 색깔로 보이지만 사실은 여러 색소가 합쳐져서 그렇게 보이는 거예요.

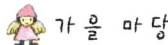 가을 마당

# 날개 달린 씨앗

"뾰로롱 산새 여러분! 느티나무 밑동 아래로 모이세요. 까마귀님의 분부예요."

방울새는 지금 너무너무 바빠요. 산새 중 왕인 까마귀가 모든 산새들을 불러모았거든요.

"어허, 이거 참."

까마귀는 무슨 걱정이 있는지 느티나무 밑동 위를 왔다갔다하고 있어요.

"까마귀님, 무슨 일로 부르셨어요?"

부엉이, 까치, 솔개 같은 여러 산새들은 모두 모여서 까마귀만 뚫어져라 쳐다봤어요.

"다들 모였으면 날 따라오너라."

까마귀는 앞장 서서 날기 시작했어요. 새들은 어리둥절한 얼굴로 까마귀를 따라갔어요.

산새들이 내려간 곳은 나무들이 울창한 숲이었어요.

"여기에서 이상한 것을 봤다. 바로 이거야."

산새들은 모두 까마귀가 가리키는 것을 쳐다봤어요.

"오잉? 저게 뭐야?"

새들은 그 이상한 것을 쳐다보았어요.

"이것은 말도 못 하고, 걸어다니지도 않는다. 하지만 중요한 것은 날개가 있다는 것이다."

아주아주 쪼끄맣고, 색깔은 발그스름하고, 몸통은 동그랗고, 입도 눈도 코도 없는 이 이상한 녀석은 땅 위에 가만히 누워만 있었어요.

"까마귀님, 이 녀석은 날개가 있는데도 움직이질 않는데요?"

영리한 부엉이가 큰 눈을 깜빡이며 말했어요.

"잠깐만 있어 봐라."

산새들은 모두 그 작은 녀석만 쳐다보고 있었지요.

"휘잉, 산새님들 안녕하세요?"

시원한 바람이 지나가다 산새들에게 인사를 했

어요.

 그 때였어요. 그 이상한 물건이 날개를 빙글빙글 돌리면서 날아올랐어요.

 "어? 까마귀님, 날아갔어요. 저길 보세요."
 "그래. 저 녀석은 날개를 가지고 있다. 게다가 빙글빙글 날아다니기도 한다. 그러니까 저 놈이 새냐, 아니냐 하는 것이 오늘의 문제다. 한번 생각해 보자."
부엉이가 맨 먼저 말을 했어요.
"까마귀님, 저 녀석은 꼭 새처럼 날개를 가지고 있지만, 바람이 불지 않으면 움직이질 않아요. 만일 새라면 바람이 불지 않아도 날아다녀야 하잖아요."
"아니에요. 아주 어린 새일 수도 있어요. 우리도 어릴 때는 잘 날지 못했잖아요."
 잘난 척, 끼여들기 좋아하는 솔개도 한 마디 했어요.

"그럼, 우리 이렇게 해요."

까치는 조그만 조약돌을 집어다가 그 녀석을 가만히 눌러 놓았어요. 다행히 그 녀석은 다시 날아가지 않았어요.

"이렇게 해 놓고, 이 녀석이 자라길 기다렸다가 다시 와 보는 거예요. 다 자라고 나면 알 수 있겠죠."

산새들은 모두 집으로 돌아갔어요.

추운 겨울이 지나고, 따뜻한 봄이 왔어요. 그 동안 어린 새들도 많이 태어났어요.

숲 속은 무척 시끄럽고 바빠졌어요. 산새들은 지난 가을에 조약돌로 눌러 두었던 작은 녀석 따위는 까맣게 잊고 있었답니다.

"까르르, 까르 까르, 아빠, 나 아까 저 쪽 숲 속에서 귀여운 아이를 만났어요. 내일은 아빠도 같이 가요. 내 친구 소개해 드릴게요."

봄에 태어난 까마귀의 막내아들 까롱이가 벌써

새로운 친구를 사귀었나 봐요. 다음 날 까마귀는 까롱이의 친구를 만나기 위해 숲으로 가 보았어요.

"아빠, 얘도 봄에 태어났대요. 정말 귀엽죠?"

까마귀는 깜짝 놀랐어요.

"넌 이름이 뭐니?"

"저는 단풍이라고 해요. 작년에 아저씨들이 조약돌로 눌러 놓은 것은 저의 씨앗이었어요."

"그럼, 네가 날아다니던 그 녀석이었다고? 그럼 그 녀석이 새가 아니라 풀이었단 말이니?"

"아니오. 전 풀이 아니라 나무예요. 저희 단풍나무들은 움직일 수가 없기 때문에 씨앗을 멀리까지 퍼뜨릴 수가 없어요. 그래서 씨앗에 날개를 달아서 멀리까지 갈 수 있게 했지요."

까마귀는 흐뭇한 얼굴로 집으로 돌아왔어요. 그리고 산새들을 불러모았죠.

"다 모였냐? 우리가 작년 겨울에 돌멩이로 눌러 놓았던 그 녀석은 단풍나무 씨앗이었던 것으로 밝혀졌다. 지금은 새싹이 나서 아주 잘 자라고 있지. 우리 까롱이랑 친한 친구가 되었어. 허허허."

다른 새들도 박수를 치며 기뻐했어요. 그 다음부터 새들은 단풍나무를 잘 돌보아 주었어요.

벌레가 생기면 잡아먹고, 물이 모자라면 물도 떠다 주면서 말이에요.

그래서 단풍나무는 지금도 날개 달린 씨앗을 퍼뜨리며 건강하게 지내고 있답니다.

궁금증 해결

## 씨앗에 날개가 달린 이유

가을이면 온 산을 빨갛게 물들이는 단풍나무. 이 단풍나무의 씨앗에는 두 개의 날개가 달려 있답니다. 물론 새들의 날개처럼 깃털이 있거나 파닥이지는 못하지만 바람을 따라 날기에는 충분한 날개랍니다.

식물들은 씨앗을 멀리까지 퍼뜨리기가 무척 힘들어요. 다리가 없어서 움직일 수가 없기 때문이죠. 그래서 옛날부터 식물들은 씨앗을 퍼뜨리려고 여러 방법을 썼어요. 단풍나무나 소나무처럼 씨앗에 날개가 달려 있는 것도 있고, 민들레처럼 갓털이 달려 있는 경우도 있지요. 민들레의 갓털은 우산을 거꾸로 뒤집은 모양으로 생겼고요. 바람이 불면 가벼운 털 때문에 멀리까지 훨훨 날아갈 수 있답니다.

그런가 하면 참외나 수박 같은 과일의 씨앗은 동물의 배설물에 섞여서 멀리까지 가게 되지요. 개똥참외란 이름도 개똥에 섞여 나온 참외씨가 열매를 맺었다는 뜻으로 지어진 거래요.

놀라운 상식 백과

## 비행기의 날개는 왜 수평일까요?

단풍 씨앗의 날개는 위를 향해 있지만 비행기의 날개는 옆으로 뻗어 있죠. 단풍 씨앗은 날아갈 때 보면 빙글빙글 돌면서 나는데 이건 날개가 V자 모양이기 때문이에요.

하지만 비행기처럼 날개가 옆쪽에 있으면 공기가 날개의 아래위로 똑같이 흘러가기 때문에 빙글빙글 돌 염려가 없고 똑바로 날 수 있답니다.

## 로켓에는 왜 날개가 없을까요?

날개가 있어야 하늘을 난다고요? 그렇지 않은 것도 있어요. 바로 로켓이 그렇답니다. 로켓에는 날개가 없고 총알처럼 민둥하게 생긴 몸체만 있지요.

그 이유는 하늘을 더 빨리 날기 위해서예요. 로켓은 강력한 가스를 이용해서 하늘로 날아가는데 그 가스의 힘이 아주 세기 때문에 날개가 필요 없어요. 날개가 있으면 오히려 하늘을 나는 데 방해가 된다고 해요.

날개 달린 씨앗

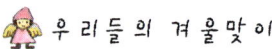 우리들의 겨울맞이

# 훌투성이 겨울 나무

"어떡해. 내 몸에 병이 생겼나 봐. 잉잉."

어제까지만 해도 잘 놀고 잘 웃던 참나무가 징징거리면서 울고 있었어요. 지나가던 참새는 궁금해서 견딜 수가 없었죠.

"참나무야, 왜 그렇게 울고 있는 거야?"

"나뭇잎이 마르고 있어. 떨어지려나 봐."

참새는 나무를 살펴보았어요.

정말 누렇게 마른 잎들이 군데군데 떨어져 나가고 있었어요.

"정말이네? 벌써 한 움큼이나 떨어졌는걸."

"그래, 그리고 내 가지 끝에는 보기 흉한 혹들만 남아 있어. 난 어쩌면 좋아?"
참새는 가지 끝으로 통통통 날아가 봤어요.
그 동안 파란 잎에 가려져 있던 동글동글한 혹들이 하나 둘씩 눈에 띄었어요.
"이 혹은 뭔데?"
"몰라. 지난 봄부터 계속 생겼어. 처음엔 꽃망울인 줄 알았는데 꽃도 피우지 않고 계속 저렇게 있어."

참새도 고개를 갸우뚱거렸어요.

"참새야, 의사 선생님을 좀 불러 주겠니?"

"의사 선생님이라고?"

"그래, 분명히 죽을 병에 걸린 것 같아."

참새는 울고 있는 참나무가 너무 불쌍해서 부랴부랴 황새 선생님을 찾아갔어요.

"선생님, 참나무한테 좀 가 주세요."

헐떡거리면서 부지런히 황새 선생님을 찾아온 참새는 깜짝 놀랐어요.

"아니, 넌 굴뚝새랑 까치!"

"어? 참새 네가 여긴 웬일이야?"

"난 참나무 때문에 온 거야. 참나무의 잎이 전부 떨어지고 흉한 혹들만 남아 있거든."

굴뚝새와 까치는 참새의 말을 듣고 합창하듯이 말했어요.

"우리도 목련이랑 라일락 때문에 온 거야."

이 모습을 보고 있던 황새 선생님은 허허허 웃으셨어요.

"너희들은 정말 착한 새들이구나. 하지만 너무 걱정할 건 없어."

새들은 황새 선생님의 말씀을 믿을 수가 없었어요.

그래서 선생님을 마구 졸랐어요.

"선생님, 직접 가 보시고 말씀하세요."

"그래요. 얼마나 불쌍한데요."

하지만 황새 선생님은 별로 걱정이 되지 않나 봐요.

"얘들아, 그건 병이 아니야. 나무들이 겨울을 나려고 준비하는 것이란다."

새들은 모두 깜짝 놀랐어요.

나무들이 겨울을 준비한다는 말은 들어 본 적이 없었거든요.

"나무들도 겨울 동안 다음 봄을 준비한단다. 하

지만 동물들이 겨울 나기를 하는 것과는 방법이 조금 다르지."

황새 선생님은 놀란 새들을 한 번 쳐다보고 나서 말했어요.

"나무들은 물이 없으면 살 수가 없어. 그런데 겨울엔 비가 잘 오지 않잖아. 물이 부족할 수밖에 없지. 그래서 나무들은 물을 많이 먹는 나뭇잎과 꽃을 말려 떨어뜨리는 거야. 그래야 적은 양의 물을 가지고도 추운 겨울을 건강하게 날 수 있거든."

하지만 참새는 아직도 걱정스러운 얼굴이에요.

"그 나뭇잎들은 봄이 되면 다시 피어나나요?"

"물론 다시 피어난단다. 너희들 나뭇가지 끝에 있는 동그란 눈 봤지?"

새들은 입을 쫙 벌렸어요.

"그게 눈이라고요? 혹처럼 생겼던데요?"

"목련의 혹에는 보송보송한 털도 났어요."

"그건 혹이 아니라 겨울눈이라고 부르는 것이야. 겨울눈은 아주 단단하고 두꺼운 껍질로 둘러싸여 있는데 그 안에는 오는 봄에 피울 잎이나 꽃이 들어 있단다. 겨울눈의 단단한 껍질은 꽃과 잎의 어린 싹을 추위로부터 보호하는 일을 하지."

"하지만 나무의 혹은 벌써 지난 봄부터 있었는데요?"

"아주 자세히 봤구나. 겨울눈은 봄부터 가을까지 꾸준히 생기지. 하지만 그 봄부터 가을까지는 꽃이나 잎을 피우지 않고 쉬고 있어. 그러다가 다음 해가 되면 꽃이나 잎을 피운단다."

새들은 고개를 끄덕였어요.

"황새 선생님, 저희는 빨리 가서 나무들에게 이야기를 해 주어야겠어요."

"그래. 이제는 울지 말라고 꼭 전해 주렴."

새들은 훨훨 날아서 다시 숲 속으로 왔어요. 참나무는 아직도 울고 있었어요.

"잉잉, 참새야. 의사 선생님을 데리고 오지 않았잖아. 너 혼자 오면 어떡해."

"참나무야, 네 가지 끝에 혹처럼 생긴 건 겨울눈인데 그건 병이 아니래."

"흑흑, 거짓말하지 마."

참새는 참나무의 눈물을 닦아 주면서 황새 선생님의 말을 전해 줬어요. 참나무는 겨우 울음을 멈추었어요.

"정말이지? 정말 봄이 오면 다시 잎도 피고 꽃도 피는 거지?"

"그럼, 정말이래두. 참나무야, 다른 나무들에게도 얘기를 전해 주어야겠다. 난 이만 가 볼게.

너 다시는 울지 마. 알았지?"

참나무는 눈이 퉁퉁 부은 채 고개만 끄덕거렸어요.

그 날 참새와 까치와 굴뚝새는 울면서 슬퍼하는 나무들을 달래느라 정신이 없었어요.

얼마나 떠들며 돌아다녔던지 부리가 다 아플 지경이었어요.

하지만 새들은 기분이 아주 좋아졌답니다.

새들 덕분에 나무들은 다시 환한 웃음을 찾았거든요.

**궁금증 해결**

# 식물들의 겨울나기

겨울 산에 가 본 적이 있나요?

나뭇잎들은 바싹 말라서 뚝뚝 떨어져 버리고 가지는 앙상하게 말라 버리고……. 다른 때는 그렇게 멋있던 나무들이 너무 볼품 없이 변해 버리죠.

하지만 이렇게 볼품 없이 변해야 나무들이 겨울을 잘 날 수 있다고 해요. 그렇다면 연약한 풀들은 어떻게 겨울을 날까요?

풀들은 하늘에서 내리는 눈 때문에 겨울을 잘 날 수 있다고 해요. 얼핏 보기에 눈은 무척 차가울 것 같지만 사실은 그렇지 않아요. 눈이 쌓이면 눈 알갱이의 틈으로 공기가 들어가죠. 이 공기는 눈 위의 차가운 공기가 밑으로 들어가지 않게 하는 역할을 한답니다. 그러니까 눈 밑은 늘 따뜻한 거죠. 겨울에 새싹이 나는 보리는 눈 밑에서 싹을 틔우기로 유명하답니다.

그런가 하면 흙도 눈과 같이 보온 효과가 있어요. 그래서 나무나 풀을 흙으로 묻어 놓기도 한답니다.

## 나비는 겨울에 어디 있나요?

봄이 되면 들판을 훨훨 날아다니는 예쁜 나비들은 동글동글하고 귀여운 알집 안에서 겨울을 난답니다.

이 알집은 나뭇가지에 딱 붙어서 절대 떨어지질 않아요. 그런가 하면 배추흰나비처럼 알집이 없는 나비들은 번데기로 겨울을 난답니다.

## 나무가 옷을 입었다

겨울이 되면 나무들의 줄기에 짚을 친친 감습니다. 나무들이 추워할까 봐 그런 것이 아니라 나무의 벌레들을 잡기 위해서예요.

나무의 벌레들도 겨울이 되면 추워서 숨을 곳을 찾아 돌아다니게 되고, 그러다가 짚더미를 만나면 얼른 안으로 숨어요. 따뜻한 봄이 올 때까지 말이에요. 봄이 오면 사람들은 이 짚을 풀어서 불에 태운답니다.

그래야 그 동안 나무를 괴롭혔던 벌레들이 더 이상 나무들을 괴롭히지 못할 테니까요.

혹투성이 겨울 나무

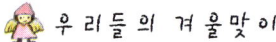 우리들의 겨울맞이

# 토순이의 외투

흰 눈이 내리는 겨울이 왔어요. 추운 날씨 때문에 매일 집에만 갇혀 있던 토순이와 토돌이는 신이 났지요.

"엄마, 눈이 왔어요. 나가서 놀아도 돼요?"

"그러렴, 하지만 외투를 꼭 입고 나가거라."

"네!"

토순이와 토돌이는 소풍이라도 가는 것처럼 마음이 들떠 있었어요.

"난, 하얀색 외투를 입을래."

토돌이가 옷장에서 하얀색 외투를 먼저 꺼내며

말했어요. 그러자 토순이가 버럭 화를 냈어요.

"안 돼, 그건 내 거잖아."

"네 게 어딨어. 먼저 입는 사람이 임자지."

"아니야, 오빠 건 검은색이고 내 건 흰색이란 말이야."

토순이가 토돌이에게 따졌지만 토돌이는 들은 척도 하지 않았어요. 밖에 나가서도 토순이는 한참을 투덜거렸어요. 하지만 소복이 내린 눈 위를 뛰어다니다 보니 토순이의 마음은 풀렸어요. 토순이의 눈에는 세상이 온통 신기했거든요.

햇빛에 반짝이는 흰 눈은 산 위에도, 들판에도 소복이 쌓여 있었어요.

"오빠, 강에도 하얀 눈이 쌓였어."

"눈은 물에 떨어지면 녹아 버리는데 어떻게 저렇게 쌓였지?"

"글쎄, 우리 가 보자."

토돌이가 앞장 서고, 토순이가 바지런히 뒤를

따라갔어요.

 강에 도착하고 나서야 토돌이와 토순이는 어떻게 해서 눈이 쌓였는지 알 수가 있었어요. 그것은 강물이 꽁꽁 얼어 얼음으로 변했기 때문이었어요.

 토돌이와 토순이는 얼음 위에 올라가 깡충깡충 뛰어 보았어요.

 "와, 재밌다!"

 토돌이가 쿵 하고 발을 굴렀을 때였어요.

 "퍽, 퍼억!"

 얼음에 구멍이 뻥 뚫리며 발이 빠져 버렸어요. 다행히 발이 깊게 빠지진 않아서 토돌이는 얼른 구멍에서 발을 뺐어요. 그런데 갑자기 얼음 구멍 안에서 큰 소리가 들려 오는 것이었어요.

 "누구야?"

 토돌이는 깜짝 놀라 엉덩방아를 찧었어요. 구멍 안에서는 붕어 아줌마가 머리를 쏙 내민 채

토돌이를 바라보고 있었어요.

"너희들 왜 여기서 떠드는 거야?"

"얼음이 얼마나 단단하게 얼었나 보는 거예요. 붕어 아줌마는 뭐 하세요?"

"나는 쉬고 있단다."

붕어 아줌마는 얼음 밑 세상의 겨울나기에 대

해 자세히 설명해 주었어요.

물고기들은 봄이 오기 전까지 돌 틈이나 풀들 사이에서 많이 움직이지 않고 조용히 지낸다는 얘기였어요.

"헤헤, 붕어 아줌마. 우리들도 겨울이 오면 난로를 피워요."

토돌이도 겨울을 따뜻하게 지내는 방법을 열심히 떠들어 댔어요.

그런데 이야기를 하다 보니 토돌이의 몸이 점점 추워오는 것이었어요.

"아이, 추워."

"오빠 추워? 난 하나도 안 추운데."

"이상하다. 왜 나만 춥지?"

토돌이가 오들오들 떨며 고개를 갸웃거렸어요.

"음, 토돌이는 흰색 외투를 입어서 그래."

붕어 아줌마가 토돌이가 입고 있는 흰색 외투를 가리켰어요.

"겨울에는 짙은 색 옷을 많이 입는단다. 밝고 옅은 색보다 어둡고 짙은 색깔의 옷이 햇빛에서 나오는 열을 더 잘 받아들이거든."

붕어 아줌마의 말이 끝나자 토순이가 마구 웃었어요.

"호호호, 오빠 쌤통이다."

"뭐야?"

"그 옷은 내 거였는데 오빠가 빼앗아 갔잖아."

붕어 아줌마도 토순이를 거들었어요.

"하하하, 토돌이가 욕심을 부리다가 멋지게 골탕을 먹었구나."

"아이 참, 내가 왜 그걸 몰랐을까. 얼른 가서 두껍고 짙은 색 외투로 갈아입어야지."

종종 걸음으로 집을 향해 가는 토돌이의 뒤에서는 토순이와 붕어 아줌마, 그리고 밝은 해가 환하게 웃고 있었습니다.

## 궁금증 해결

# 따뜻한 겨울

겨울을 따뜻하게 나려면 진한 색깔의 두꺼운 옷을 많이 입습니다. 또 털모자나 털장갑을 끼기도 하죠. 진한 색깔의 옷은 빛과 열을 많이 받아들여서 따뜻하게 해 주고, 털은 따뜻한 공기를 많이 가지고 있어서 우리 몸을 춥지 않게 해 줘요.

하지만 이렇게 옷을 많이 입고, 모자와 장갑만 끼고 겨울을 나려고 해서는 안 돼요. 추울수록 더 많은 운동이 필요하거든요.

춥다고 너무 따뜻한 집 안에만 웅크리고 있으면 감기에 훨씬 잘 걸려요. 원래 더운 곳에 있다가 갑자기 차가운 곳에 나오면 감기에 잘 걸리거든요. 그러니까 꾸준히 운동을 하고 바깥 나들이도 자주 해야 한답니다. 늘 몸을 깨끗이 하는 것도 잊지 말아야 해요. 양치질도 잘 해야 감기에 안 걸린답니다.

주변을 따뜻하게 하는 것도 중요하지만 추위를 이기려고 하는 마음이 더 중요하다는 것도 꼭 알아 두세요.

**놀라운 상식 백과**

## 빙산의 얼음은 짤까요?

북극에 둥둥 떠다닌다는 빙산을 아나요? 그 빙산은 무엇이 얼어서 된 것일까요? 바닷물이라고요? 아니에요. 바닷물은 아무리 추워도 잘 얼지 않아요. 그건 소금기 때문이랍니다. 소금은 물이 어는 걸 방해하거든요.

북극의 빙산은 눈이 얼어서 된 것이에요. 날씨가 너무 추우니까 산골짜기의 눈이 녹지 않고 계속 얼어 있다가 미끄러져서 바다로 떨어진 것이랍니다. 그러니까 빙산은 짤 리가 없겠죠.

## 으 추워! 보일러 온도 더 올려!

큰일날 소리! 겨울이라고 무조건 덥게 지내면 안 돼요. 집 안이 더우면 몸의 저항력이 약해져서 감기에도 쉬 걸리거든요.

겨울에 가장 적당한 실내 온도는 16℃에서 18℃예요. 좀 춥다 싶어도 이 온도가 건강에 가장 좋다니까 모두 잘 지키도록 해요.

# 추워지면 왜 소름이 돋을까요?

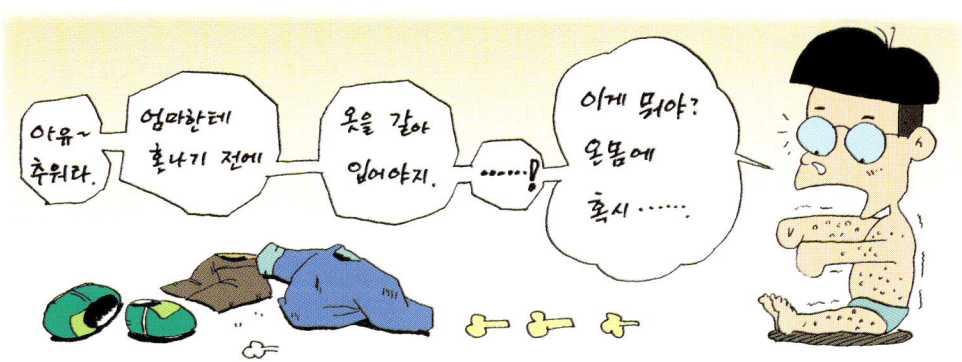

　밖에서 신나게 놀다 온 뭉치는 옷을 갈아입다가 깜짝 놀랐어요. 온몸에 좁쌀만한 소름이 돋아 있잖아요. 하지만 엄마가 뭉치에게 따뜻한 옷을 입혀 주자 소름이 싹 없어졌어요.

　날씨가 추워지면 왜 소름이 돋을까요? 사람의 몸에는 머리카락이나 눈썹 같은 털이 많이 있어요. 털이 없는 것처럼 보이는 친구도 있죠? 하지만 자세히 살펴보면 솜털이 촘촘히 나 있을 거예요.

　이 털 하나하나에는 작은 근육들이 붙어 있어요. 너무 작아서 평소에는 느끼지도 못한답니다. 하지만 이 근육이 있다는 것을 알 수 있을 때가 있어요. 바로 소름이 끼칠 때죠.

　날씨가 추워지면 우리 몸의 많은 근육들은 바짝 오그라들게 돼요. 몸의 따뜻한 기온을 빼앗기지 않기 위해서지요. 이 때, 털에 붙어 있는 작은 근육들도 함께 바짝 오그라든답니다. 그러면 작은 털들이 곤두서고 그 아래에 동그랗게 뭉친 근육들이 살갗으로 볼록볼록 올라오는데 그게 바로 소름이지요.

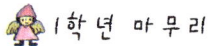
1학년 마무리

# 버릇을 고친 다람쥐

어느 날, 멧새가 다람쥐를 찾아와 말했어요.
"다람쥐야, 날이 점점 추워지고 있어. 너 겨울잠 잘 준비를 해야 하지 않니?"
"정말? 벌써 그렇게 됐단 말야?"
다람쥐가 놀란 눈으로 되물었어요.
"그렇다니까. 가을이 깊어 가는데 넌 그것도 모르고 있었니?"
"신나게 놀다 보니 세월 가는 줄도 몰랐네."
다람쥐는 머리를 긁적긁적하며 머쓱한 표정을 지었어요.

"빨리 겨울잠 잘 준비를 해."
"알았어. 고마워, 멧새야."
다람쥐는 멧새와 인사를 나누었어요.
'그럼 이제 겨울잠 잘 준비를 해 볼까?'
다람쥐는 짐수레를 끌고 숲으로 갔어요.

"아휴, 겨울 양식을 마련하는 일은 여하튼 힘들다니까."

다람쥐는 숲 속 여기저기 구석구석을 뒤지며 도토리를 모았어요.

다람쥐들은 가을이 되면 나무 구멍 속에 먹이를 저장했다가 추운 겨울이 되면 그 식량을 먹으며 지내요. 그래서 다람쥐들에게는 겨울 준비가 꼭 필요한 거예요.

하나, 둘, 셋, 넷……

다람쥐는 쉬지 않고 부지런히 도토리를 모으고 또 모았어요.

"이 정도면 되겠지?"

짐수레에 가득 도토리를 실은 다람쥐는 흐뭇하게 웃었어요. 그리고 낑낑거리며 짐수레를 끌고 자기 집으로 돌아왔어요.

"아이고, 힘들어라! 이제야 겨우 다 왔구나."

다람쥐는 양쪽 볼에 도토리를 가득 물고 나무

구멍으로 올라갔어요.

"어? 이 일을 어쩌지?"

나무 구멍 앞에 선 다람쥐는 딱 하고 멈춰 설 수밖에 없었어요. 나무 구멍 속이 너무나 지저분해서 도저히 들어갈 수가 없었기 때문이에요.

"여기에다 도토리를 두기는 다 틀렸는걸! 다른 나무 구멍을 찾아 봐야 할 텐데, 어디 마땅한 곳이 있어야 말이지."

다람쥐는 한숨을 푹 내쉬었어요.

이 때 나무를 쪼려던 딱따구리가 다람쥐의 모습을 보고 웃음을 터뜨렸어요.

"으하하하, 너 정말 웃기는구나. 제 집을 놔 두고 다른 집에다가 도토리를 저장해 두겠다니, 참 한심하다, 한심해."

"뭐야? 너 정말 말 다했어."

딱따구리가 자기를 비웃자 다람쥐가 화를 냈어요. 얼굴이 붉으락푸르락해지더니 금방이라도 딱따구리에게 덤빌 기세였죠.

"화만 내지 말고 잘 생각해 보란 말야."

딱따구리가 차근차근 설명을 했어요.

"다람쥐야, 집이 지저분하면 잘 치우면 되잖아. 너는 집 안을 하나하나 정리할 생각은 안 하고 또 다른 집에다 어질러 놓을 생각만 하니? 그러니 내가 안 비웃게 생겼어?"

"네가 뭘 안다고 그래?"

"어휴, 저 지저분한 것 좀 봐! 잘만 치우고 정리하면 네가 모은 도토리 정도는 다 넣어 두고도 남겠다."

딱따구리는 이렇게 말하고는 휙 하고 날아가 버렸어요.

"야, 딱따구리, 너 거기 좀 서 봐."

다람쥐가 불렀지만 딱따구리는 뒤도 돌아보지 않고 날아갔어요.

"뭐 저런 딱따구리가 다 있어?"

다람쥐는 여전히 화가 풀리지 않았어요.

그런데 가만 생각해 보니 화낼 일만은 아니었어요. 다람쥐가 정리, 정돈을 잘 안 하고 늘어놓는 것은 사실이었거든요.

다람쥐는 나무 구멍 속으로 쪼르르 들어갔어

요. 그런데 다람쥐가 보기에도 나무 구멍 속은 너무나 지저분했어요.

"어디 한번 치워 볼까?"

다람쥐는 단단히 마음을 먹고 나무 구멍 속을 치우기 시작했어요.

비슷한 물건끼리 같이 두고, 버려야 할 것은 버렸지요.

그렇게 한참 동안 정리를 하고 보니 다람쥐의 나무 구멍 속도 말끔하게 정리가 되어 있었어요.

"와, 우리 집이 이렇게 넓었나? 너무 깨끗한걸. 이렇게 정리하고 보니 마음까지 넓어진 기분이야. 참 좋다."

다람쥐는 스스로 감탄을 했어요.

"아참, 이제 도토리들을 넣어 두어야지. 그리고 앞으로는 쓴 물건은 제자리에 두고, 늘어놓는 습관도 버려야겠다."

다람쥐는 자신에게 다짐을 했어요. 그런 다음

나무 구멍 속에서 나와 쪼르르 밑으로 부지런히 내려갔어요.

하나, 둘, 셋, 넷…….

다람쥐는 입 안 가득 도토리를 물었어요. 그리고 나무에 오르락내리락거리며 겨울 양식을 차곡차곡 쌓았어요.

그 때 아까 다람쥐를 꾸짖고 어디론가 날아가 버렸던 딱따구리가 날아왔어요.

"다람쥐야, 마음을 고쳐 먹고 정리를 하니까 기분 좋지?"

"으응, 딱따구리야. 아까는 정말 미안했어."

다람쥐는 머리를 긁적거리며 딱따구리에게 사과했어요.

"아니야, 내가 잘못했어. 나도 너한테 심하게 말한 것 사과할게."

딱따구리는 다람쥐를 도와 주었어요. 다람쥐는 겨울 준비를 차곡차곡 해 나가며 뿌듯했답니다.

## 재활용이 가능한 물건에는 어떤 것이 있을까요?

재활용은 버려진 물건을 다시 만들어 쓰는 것을 말해요. 우리가 흔히 볼 수 있는 것으로는 우윳갑이 있는데 이것을 녹여서 휴지를 만들어요. 우윳갑 30개를 녹이면 두루마리 화장지 1개를 만들 수가 있대요. 또 신문지나 공책을 녹여서 새로운 종이로 만들어 쓴답니다.

깨진 유리도 녹여서 모으면 새 유리를 만들 수가 있어요. 플라스틱은 녹여서 다른 플라스틱 제품을 만들 수 있고, 알루미늄 깡통 역시 녹여서 새 것으로 만들어요.

종이가 썩는 데는 2~5개월이 걸리고, 나무젓가락이 썩는 데는 20년 이상이 걸려요. 알루미늄 깡통이 썩는 데는 80~100년이나 걸리지요. 이것들은 재활용되지 않으면 그저 쓰레기로 자연 환경을 오염시킬 뿐이에요. 따라서 앞으로 여러분도 다시 쓸 수 있는 것은 재활용해서 물자도 절약하고 환경도 지키도록 하세요.

**놀라운 상식 백과**

## 정리를 도와 주는 도구들

일반적으로 청소하는 데 많이 쓰는 도구는 비나 걸레, 쓰레받기, 먼지떨이 등이지요. 그 외에도 전기를 이용하는 진공 청소기도 있어요. 진공 청소기는 먼지를 빨아들이도록 되어 있는데 핀이나 압정 등 작은 금속 물질이 함께 빨려들어가는 수도 있기 때문에 미리 치워 두고 청소하는 것이 좋아요.

## 정리, 정돈은 어떻게 할까요?

정리, 정돈을 할 때는 먼저 같은 종류의 물건끼리 모아야 합니다. 책은 책끼리, 문구류는 문구류끼리 모아 정리를 해야 하지요. 그런 다음 크게 나누어진 상태에서 다시 같은 종류끼리 묶으면 정리하기가 쉬워요. 같은 필기구라고 해도 연필은 연필끼리, 볼펜은 볼펜끼리, 색연필은 색연필끼리 따로 나누어 정리하도록 하세요.

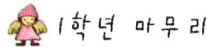 1학년 마무리

# 겨울 방학 하는 날

야호! 오늘은 겨울 방학 하는 날.

지민이는 아침부터 들떠 있었어요. 다른 친구들도 마찬가지였지요.

지민이네 반은 아이들의 재잘거리는 소리로 시끌벅적했어요.

그 때 담임 선생님이 들어오셨어요.

여기저기서 떠들던 아이들은 곧 조용해졌어요.

"여러분, 오늘이 무슨 날이죠?"

"방학하는 날이요!"

아이들은 교실이 떠나가라 대답했어요.

"그럼, 오늘은 1년을 마무리해 봅시다."

담임 선생님은 지난 1년 중에서 가장 기억에 남는 일을 이야기해 보라고 하셨어요.

제일 먼저 영훈이가 발표했어요.

"저는 화장실 청소한 게 가장 기억에 남아요!"

"우하하하~"

반 아이들이 일제히 웃음을 터뜨렸어요.

사실 영훈이는 반에서 둘째 가라면 서러울 정도의 장난꾸러기예요. 말썽도 많이 피웠지요. 교실 안을 뛰어다니다가 꽃병을 깨기도 했고, 어떤 날은 장난을 치다가 교실 유리창을 깨기도 했어요. 그럴 때마다 선생님은 잘 타이른 뒤 화장실 청소를 하도록 시키셨어요.

선생님은 영훈이를 보며 입가에 살며시 미소를 띠셨어요.

"그러고 보니 영훈이 덕분에 지난 1년 동안 우리가 깨끗한 화장실을 이용할 수 있었네요. 그렇죠, 여러분?"

"네!"

반 아이들은 일제히 영훈이에게 손뼉을 쳐 주었어요. 영훈이는 쑥스러워하며 제자리에 앉았어요. 다음은 수진이 차례였어요.

"저는 처음에는 날마다 엄마가 데려다 주셨는데, 이제는 혼자서도 학교에 다닐 수 있게 된 것이 가장 기억에 남습니다."

이 말에 여러 아이들이 고개를 끄덕였어요.

이번에는 지민이 차례가 되었어요.

"저는 좋은 친구와 선생님이 생겨서 좋아요. 전번 미술 시간에는 크레파스를 안 가져와서 걱정했는데, 짝꿍인 영훈이가 빌려 주어서 얼마나 고마웠는지 몰라요. 그리고 1년 동안 잘 모르는 것을 열심히 가르쳐 주신 선생님께 감사드립니다."

지민이의 발표가 끝나자 아이들이 술렁거렸어요. 겨울 방학이 끝나면 그 동안 정들었던 친구들이랑 선생님이랑 헤어져야 한다는 생각이 들었기 때문이에요.

선생님도 잠시 아무 말씀이 없으셨어요.

어떤 아이는 훌쩍훌쩍 울기까지 했어요.

조금 있자 선생님이 반 아이들을 한 명 한 명 둘러 보며 말씀하셨어요.

"자, 여러분! 선생님도 여러분과 헤어지는 게 무척 아쉬워요. 하지만 2학년이 된다고 해서 우리가 영영 헤어지는 건 아니에요. 여러분이 졸업할 때까지 이 학교에 다니면 서로 만날 수 있는 기회는 얼마든지 있잖아요. 2학년이 되면 새로운 선생님과 친구들을 만나고, 새 교실에서 새 책을 공부할 수 있으니까 즐거운 일 아닌가요?"

선생님의 말씀을 듣고 보니 그런 것도 같았어요. 훌쩍거리던 아이도 얼른 눈물을 훔쳤어요. 그래도 지민이와 반 친구들과 선생님은 섭섭한 마음을 감출 수는 없었어요.

그렇게 지민이네 반 아이들은 돌아가면서 지난 1년을 돌아보았어요. 정말 뜻깊은 시간이었어요.

"자, 모두 발표를 끝냈으니까 이젠 각자 편지를 쓰기로 해요. 하고 싶은 말이 가장 많았던 친구에게 쓰는 거예요."

"선생님한테 써도 되나요?"

지민이가 물었어요.

"선생님한테는 방학 때 쓰도록 하고, 오늘은 친

구들에게 쓰도록 하세요."

마침내 지민이네 반 아이들은 서로에게 편지를 써서 주고받았어요. 그리고 방학식을 마쳤어요.

친구들과 함께 교문을 나서던 지민이는 잠시 걸음을 멈추고 뒤돌아보았어요. 그 때 바람이 학교 운동장을 휘돌았어요. 아이들이 빠져 나간 학교가 왠지 쓸쓸해 보였어요.

## 책거리는 왜 하는 걸까요?

책거리는 다른 말로 책례 또는 책씻이라고 해요.

옛날부터 책을 다 배웠거나 읽은 후에 그것을 마무리하거나 축하할 때 '책거리한다'고 했어요.

옛날 서당에서는 어제 배운 내용을 훈장님 앞에서 외우고 글자나 글의 뜻에 대한 질문에 답할 수 있어야 다음 내용을 배울 수 있었어요. 그러다 보니 책 한 권을 뗀다는 건 매우 어려운 일이었어요. 그래서 서당에서 학동이 책 한 권을 다 읽어서 뗐거나 책 한 권을 베껴 쓰는 일이 다 끝나면 그 부모가 고마움과 축하의 뜻으로 음식을 준비했어요. 주로 떡을 한 시루 쪄서 서당으로 가져왔지요. 그러면 훈장님과 다른 학동들은 떡을 서로 나누어 먹으며 책 한 권을 다 뗀 학동을 축하해 주었어요.

요즘은 학교에서 1년 동안 교과서를 배운 뒤 마지막 날 책거리를 해요. 돌아가면서 지난 1년 동안 배운 것과 느낀 점 등을 이야기하지요. 다시 말해 책거리는 지난 1년을 마무리하면서 다음 해를 계획하기 위해 하는 거예요.

**놀라운 상식 백과**

## 옛날 사람들은 무엇을 먹어야 나이를 먹는다고 생각했나요?

옛날부터 새해 첫날인 설에는 떡국을 끓여 온 가족이 나누어 먹었어요. 옛날 사람들은 나이와 새해 첫날에 먹는 떡국이 관계가 있다고 생각했어요. 새해 첫날에 떡국을 먹어야만 나이를 한 살 더 먹을 수 있다고 믿은 거예요. 그리고 옛날 사람들은 떡국을 먹으면 나이 말고도 돈이 생긴다고 믿었어요.

## 동물들도 한 해의 마무리를 할까요?

동물들은 사람처럼 1년이라는 기간을 정해 놓고 살아가지는 않아요. 단, 사람들이 한 해를 마무리하는 시기인 겨울이 되면 개구리나 뱀 같은 동물들은 겨울잠을 자러 들어가요.

그 동물들은 봄이 되면 나와서 활동하다가 겨울이 되면 겨울잠으로 1년을 마무리하는 셈이 되는 거예요.

겨울 방학 하는 날

## 씽크탱크
# 선풍기의 뒷면으로는 왜 바람이 나오지 않을까요?

"으아 더워. 다 비켜! 나 혼자 선풍기 쐴 테야."

또철이가 저 혼자 선풍기 바람을 쐬겠다고 강아지 꽁달이를 선풍기 뒤로 뻥 걷어차 버렸어요.

"쳇, 꽁꽁 얼어 버려라."

꽁달이는 속으로 중얼거렸어요. 그런데 이게 웬일? 정말로 또철이가 꽁꽁 얼어 버린 거예요.

꽁달이는 좋아서 선풍기를 자기 쪽으로 휙 돌렸죠. 그랬더니 또철이의 몸은 점점 녹았어요. 온몸이 축축하게 되어서 잠든 또철이, 아마 꽁달이가 무슨 마술이라도 부린 줄 알 거예요.

그런데 왜 선풍기의 뒤쪽으로는 바람이 나오지 않을까요? 그건 선풍기의 구조와 관계가 있답니다. 선풍기의 날개가 돌아가면서 옆쪽의 공기를 빨아들여 앞으로 내보내거든요. 하지만 이 날개로는 뒤쪽까지 바람을 내보낼 수가 없어요. 또 한 가지, 날개를 가지고 바람을 만드는 기계들에게는 공기가 꼭 필요하다는 것도 기억하세요. 물론 어떤 방향에서 공기를 빨아들이냐에 따라서 쓸모가 다르다는 것도요.

영어와 한자를 익히며 생각이 쑤욱~

# 꼭 읽어야 할
# 동화 모음집

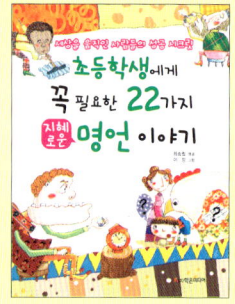

### 초등학생에게
### 꼭 필요한 22가지
### 지혜로운 명언 이야기

아인슈타인, 소크라테스, 이순신, 루소, 나폴레옹 등 세상을 움직인 사람들의 특별하고 다양한 체험과 깊은 성찰이 빚어낸 명언으로 구성한 지혜 동화!

### 초등학생이
### 꼭 읽어야 할 23가지
### 아름다운 꽃 이야기

며느리밥풀꽃, 얼레지, 금강초롱, 무궁화, 제비꽃, 코스모스, 해바라기, 채송화……가슴에 스며드는 아름다운 감성 동화!

### 초·중학생이 꼭 읽어야 할
### 28가지 베리베리굿
### 아이디어 이야기

합격 사과, 청바지, 코카콜라, 스타벅스, 미니스커트, 밴드에이드, 안전 면도기… 실제 에피소드로 엮은, 상상력·창의력에 불을 붙이는 사고력 동화!

### 오싹오싹 15가지
### 귀신&괴물 이야기

구미호, 불가사리, 처녀귀신, 달걀귀신, 흡혈귀, 투명 인간, 강시, 늑대 인간, 마녀, 도깨비 등 우리나라 및 다른 나라 귀신과 괴물 총집합!

### 초등학생이 꼭 읽어야 할
### 35가지 특별한 곤충 이야기

폭탄먼지벌레, 베짱이, 쥐벼룩, 여치, 무당벌레, 매미, 사마귀, 모기, 빈대, 쇠똥구리, 잠자리, 바퀴, 송장벌레, 병졸개미…… 오싹오싹, 하하호호 곤충 나라!

▲ 1학년이 꼭 읽어야 할
19가지 이야기

▲ 2학년이 꼭 읽어야 할
20가지 이야기

▲ 3학년이 꼭 읽어야 할
19가지 이야기

▲ 4학년이 꼭 읽어야 할
18가지 이야기

▲ 5학년이 꼭 읽어야 할
19가지 이야기

▲ 6학년이 꼭 읽어야 할
18가지 이야기